Moringa kogebogen

Over 100 plantebaserede opskrifter med Superfood Moringa til at booste din sundhed og energi

Kristiane Holmberg

Ophavsret materiale ©2023

Alle rettigheder forbeholdes

Uden korrekt skriftligt samtykke fra udgiveren og copyright-indehaveren kan denne bog ikke bruges eller distribueres på nogen måde, form eller form, undtagen for korte citater, der bruges i en anmeldelse. Denne bog bør ikke betragtes som en erstatning for medicinsk, juridisk eller anden professionel rådgivning.

INDHOLDSFORTEGNELSE

INDHOLDSFORTEGNELSE 3
INTRODUKTION 7
MORGENMAD OG BRUNCH 8
  1. Moringa te 9
  2. Moringa Cupcake 11
  3. Honning Moringa Latte 13
  4. Moringa kokosmælkskål 15
  5. Hindbær og Moringa Granola 17
  6. Fuldkorns Moringa-brød 19
  7. Moringa pandekager med svampefyld 21
  8. Moringa, mynte & citron-iste 24
  9. Kakao & Moringa Donuts 26
  10. Vanilje Moringa pandekager 29
  11. Surdejsbrød med Moringa 31
  12. Moringa og Nasturtiums Smoothie Bowl 33
  13. Moringa, agurk og mynte iste 35
  14. Mørk Moringa varm chokolade 37
  15. Moringa Vanilla Latte 39
  16. Morgenmad Smoothie Bowl 41
  17. Cashew Moringa Latte 43
  18. Moringa Overnight Oats 45
  19. Rose Moringa Latte 47
SNACKS OG FORRETTER 49
  20. Mint Moringa Oreos 50
  21. Moringa Fortune Cookies 52

22. Ingen bage Moringa energikugler 54

23. Moringa Popcorn 56

24. Pistacie Amaranth Moringa Bars 58

25. Moringa & Citronkopper 61

26. Græskarfrø Moringa Cupcakes 63

27. Rå Moringa & Mint Chokolade Firkanter 65

28. Kakao, Moringa & Moringa Makroner 68

29. Moringa Allehelgensaften Cupcakes 70

30. Fonio & Moringa Kiks 73

31. Sunde Moringabolde 75

32. Arvestykke Tomat Sashimi 77

33. Pistacie & Moringa Bliss Bolde 79

34. Moringa Kalk Popcorn 81

35. Moringa Mochi 83

36. Moringa Chokolade med Macadamia 86

37. Moringa Peanut Mochi 88

38. Blåbær Moringa Muffins 90

39. Moringa Granola barer 92

40. Moringa Yuzu Popcorn 94

41. Moringa Mandelhalvmåner 96

HOVEDRET 98

42. Moringa Linse Kokos Karry 99

43. Spinat & Moringa Dhal 101

44. Pocheret laks med grøn urtesalsa 104

45. Moringa og svampebouillon med miso 106

46. Moringa kylling karry med Kalk 108

47. Moringa-røget kylling med mango-rissalat 111

48. Te røget lammekoteletter med misosauce 114

49. Moringa dampet torsk 117

SAVSER OG PESTOS **119**

50. Moringa pulver Pesto Sauce 120

51. Moringa guacamole 122

52. Moringa og rødbedehummus 124

53. Moringa Sauce 126

DESSERT **128**

54. Wasabi & Agurkeis 129

55. Moringa & Jordbærkage 131

56. Moringa mandelis 133

57. Moringa johannesbrødkopper 135

58. Moringa Fudge 137

59. Superfood-is 139

60. Moringa & Blåbærsorbet 141

61. Moringa Key Kalk Pie 143

62. Moringa & Citronkopper 145

63. Moringa-ispinde 147

64. Moringa-is 149

65. Moringa cashewkopper 151

66. Moringa Fudge 153

67. Moringacreme 155

68. Moringa persimmon 157

69. Absint & Marengs-is 159

70. Moringa sorbet 161

71. Chiafrøbudding 163

72. Pistacie Moringa-is 165

73. Jordbær, havre og moringa 167

74. Moringa, Daddel & Banan Dejlig Creme 169

75. Banana Moringa Nice Creme 171

76. Moringa og Raspberry Friands 173

77. Moringa Trøfler 175

SMOOTHIES OG COCKTAILS 177

78. Moringa Smoothie 178

79. Broccoli Porrer Agurk smoothie 180

80. Cacao Spinat Smoothie 182

81. MoringaRyste 184

82. Vanilje Moringa AvocadoRyste 186

83. Moringa og myntete 188

84. Moringa, maca, hørfrø og tahin Smoothie 190

85. Æble, rosmarin & Moringa Gin Cooler 192

86. Moringa, mynte, citron og Kalkvand 194

87. Moringa Probiotisk Kefir Smoothie 196

88. Moringa Banan Chokolade Smoothie 198

89. Moringa Avocado Smoothie 200

90. Broccoli Moringa smoothie 202

91. Moringa Kale Smoothie 204

92. Moringa MCTRyste 206

93. Moringa & Ginger Smoothie 208

94. Moringa Kalkade 210

95. Mint Chokolade ChipRyste 212

96. Moringa RumRyste 214

97. Moringa And Coconut Frappe 216

98. Moringa & Jordbær Frappé 218

99. Moringa Yoghurt Smoothie 220

100. Moringa Frugt Smoothie 222

KONKLUSION 224

INTRODUKTION

Moringa, også kendt som "mirakeltræet", er en plante, der har været brugt i århundreder i traditionel medicin for dens mange sundhedsmæssige fordele. Med sin høje næringsværdi og helbredende egenskaber er moringa en alsidig ingrediens, der kan bruges i en række forskellige retter for at forbedre deres smag og booste deres næringsindhold.

I denne Moringa-kogebog vil du opdage over 100 lækre og nemme at lave opskrifter, der indeholder denne fantastiske superfood. Fra salte supper og gryderetter til friske salater og smoothies, der er noget for enhver smag i denne kogebog.

Men fordelene ved moringa rækker ud over kun dens lækre smag. Den er spækket med antioxidanter, vitaminer og mineraler, der kan hjælpe med at booste dit immunsystem, forbedre fordøjelsen og endda sænke din risiko for kroniske sygdomme som diabetes og hjertesygdomme.

Så uanset om du ønsker at forbedre dit helbred eller blot tilføje lidt variation til dine måltider, er Moringa-kogebogen den perfekte ressource for alle, der ønsker at opleve de fantastiske fordele ved denne utrolige plante. Med trin-for-trin instruktioner og ingredienser, der er nemme at finde, vil du piske lækre og nærende måltider op på ingen tid.

Moringa, superfood, sundhedsmæssige fordele, næringsindhold, let at lave, lækker, velsmagende, supper, gryderetter, frisk, salater, smoothies, antioxidanter, vitaminer, mineraler, immunsystem, fordøjelse, kroniske sygdomme, diabetes, hjertesygdomme, ressource, trin-for-trin instruktioner, ingredienser, der er nemme at finde, nærende måltider..

MORGENMAD OG BRUNCH

1. Moringa te

Gør: 2

INGREDIENSER:
- 800 ml vand
- 5-6 mynteblade - revet
- 1 tsk Spidskommenfrø
- 2 tsk Moringa pulver
- 1 spsk Kalk/citronsaft
- 1 tsk økologisk honning som sødemiddel

INSTRUKTIONER:
a) Bring 4 kopper vand i kog.
b) Tilsæt 5-6 mynteblade og 1 tsk spidskommen/jeera.
c) Lad det koge, indtil vandet er reduceret til halvdelen af mængden.
d) En 2 teskefulde Moringa pulver.
e) Reguler varmen til høj, når den skummer og kommer op, sluk for varmen.
f) Dæk med låg og lad det sidde i 4-5 minutter.
g) Efter 5 minutter, si teen i en kop.
h) Tilsæt økologisk honning efter smag og pres frisk Kalksaft.

2. **Moringa Cupcake**

INGREDIENSER:
- ½ jomfru kokosolie i stedet for smør eller margarine
- ¾ kop sukker
- 3 æg
- 2 kopper universalmel
- 3 tsk bagepulver
- 1 tsk salt
- 1 tsk vanilje
- ½ kop mælk
- 3 spsk Moringa pulver

INSTRUKTIONER:
a) Sigt universalmel, bagepulver og salt sammen. Sæt til side.
b) Rør jomfru kokosolie og sukker sammen.
c) Tilsæt æggene til kokosolie og sukkerblandingen. Blande.
d) Tilsæt og bland vanilje, mælk og Moringapulver.
e) Tilsæt derefter de afsatte tørre ingredienser.
f) Hæld blandingen i en smurt cupcakeform, indtil to tredjedele er fyldt.
g) Bages i forvarmet ovn 450°F i 25 minutter.

3. Honning Moringa Latte

Giver: 2 portioner

INGREDIENSER:
- ½ teskefuld Moringa
- 1 kop mælk
- Valgfrit: Honning

INSTRUKTIONER:
a) Opløs Moringa-pulveret med et stænk varmt vand for at danne en sirup.
b) Skum varm mælk: Du kan bruge en mælkeskummer eller varme i en gryde og komme mælken i en blender med siruppen for at skabe den skummende effekt.

4. Moringa kokosmælkskål

Giver: 2 portioner

INGREDIENSER:
- 2 bananer
- ½ kop kokosmælk
- ½ kop vand
- ¼ avocado
- 1 tsk Moringa
- Skråbe honning

INSTRUKTIONER:
a) Blend dine ingredienser
b) Hæld i en smuk skål
c) Pynt med dine yndlingsfrugter.

5. Hindbær og Moringa Granola

Gør: 2

INGREDIENSER:
- 1 kop gammeldags havre
- 2 ¼ kopper universalmel
- ⅔ kopper sukker
- 1 spsk bagepulver
- 2 spsk Moringa, sigtet
- ½ tsk salt
- 1 ¼ kop mælk
- 2 tsk vaniljeekstrakt
- 2 æg, pisket
- 6-ounce beholder med ikke-fedt græsk yoghurt
- ⅓ kop kokosolie, i flydende tilstand
- 1 pund hindbær i tern
- Non-stick spray
- slibesukker, til slut

INSTRUKTIONER:
a) Forvarm ovnen til 200 grader Celsius. Placer 8 cupcake liners i hver dåse, og sprøjt derefter let et lag non-stick spray på dem.
b) I en røreskål blandes alle de tørre ingredienser. I en anden røreskål blandes alle de våde ingredienser. Bland langsomt de våde ingredienser i det tørre, indtil det lige er blandet igennem. Bland forsigtigt de hakkede jordbær i. Brug en ske eller en iskse til at fylde foringen, indtil dejen lige er sky af den øverste kant af foringen.
c) Drys toppene med slibesukker for en sprød muffinskorpe.
d) Bag muffinsene ved 200 grader Celsius de første 10 minutter, sænk derefter varmen til 80 grader Celsius i cirka yderligere 12-15 minutter indtil toppene er meget let gyldne og en tandstik kommer ren ud.
e) Når muffinsene er kølige nok til at kunne håndteres, lægges de over på en rist. Serverer du muffinsene med det samme, kan de have en tendens til at sætte sig fast i foringen. Vent til de er afkølet helt, og de skal let slippe.

6. Fuldkorns Moringa brød

Giver: 2 små brød

INGREDIENSER
- 4 kopper speltmel
- 1 kop blandede rå frø
- 3 mellemstore gulerødder fintrevet
- 2 kopper varmt vand
- 1,5 tsk gær
- 2 tsk salt
- 2 spsk Moringa pulver

INSTRUKTIONER
a) Blødgør gæren i varmt vand.
b) Tilsæt alle ingredienser i en stor røreskål.
c) Bland indtil fugtig dej danner eller alle ingredienser er fugtede. Hvis det er tilgængeligt, brug håndmixer eller ståmixer med dejkrog.
d) Fordel dejen i forberedte minibrødforme. Drys dejen med sesamfrø.
e) Sæt to små brødforme på midterste rille i den kolde ovn. Indstil ovntemperaturen til 400 °F.
f) Bag Moringa-brød i 45-50 minutter eller indtil du kan indsætte og fjerne en tandstikker uden at dejen klæber til tandstikken.

7. Moringa pandekager med svampefyld

Gør: 8 portioner

INGREDIENSER:
TIL Pandekagerne:
- 2 tsk Moringa pulver
- 1½ dl boghvedemel
- 3 æg, pisket
- 2 kopper havremælk
- ½ kop filtreret vand
- knivspids lyserødt salt
- 2 håndfulde frisk spinat
- lille håndfuld frisk basilikum
- 1 tsk blandede krydderurter
- kokosolie, til at stege

TIL FYLDET:
- 2 fed hvidløg
- 250 g kastanjesvampe
- 2 tsk kokosolie
- 1 tsk blandede krydderurter
- knivspids lyserødt salt + peber
- ⅔ kop hjemmelavet cashewmælk
- 1 spsk ernæringsgærflager
- et par friske basilikumblade
- lille håndfuld frisk spinat

INSTRUKTIONER:
a) For at lave pandekagedejen, tilsæt alle ingredienserne undtagen kokosolien til en blender og blend indtil glat.
b) Smelt lidt kokosolie i en stegepande ved middel varme og hæld et par store skefulde pandekagedej i gryden. Steg pandekagen på hver side i ca. 2-3 minutter, indtil den er brunet.
c) Til fyldet knuses hvidløgsfeddene og kastanjesvampene groft hakkes. Steg disse i lidt kokosolie, indtil de er bløde, og tilsæt derefter de blandede krydderurter, lyserødt salt og peber og den hjemmelavede cashewmælk.
d) Skru varmen ned til en let koge, og bliv ved med at røre, indtil saucen tykner. Tilsæt derefter de ernæringsmæssige gærflager, frisk basilikum og spinatblade. Rør rundt indtil bladene er visne og sluk for varmen.
e) Hæld fyldet i pandekagerne, og fold derefter pandekagen over.

8. Moringa, mynte & citron iste

Gør: 1 liter

INGREDIENSER:
- 2 rensepyramider: Moringa Super Tea
- 200 ml friskkogt vand
- 800 ml koldt vand
- 1 citron, skåret i skiver
- håndfuld mynteblade

AT TJENE:
- isterninger

INSTRUKTIONER:
a) Hæld kogende vand over tepyramiderne, citronskiver og mynteblade i en varmefast kande og lad dem trække i mindst 10 minutter. Fjern tepyramiderne, rør rundt og lad teen køle af, inden den fyldes op med koldt vand.
b) Til servering tilsættes isterninger.

9. Kakao & Moringa Donuts

Gør: 6 donuts

INGREDIENSER:
TIL DONUTS:
- 1 tsk Moringa pulver
- 1 tsk Super-Cacao Powder
- ½ kop boghvedemel
- ¾ kop malede mandler
- ¼ teskefuld bagepulver
- En knivspids lyserødt salt
- ¼ kop kokossukker
- 1 æg, pisket
- ½ stor banan, moset
- 1 spsk ahornsirup
- stænk usødet mandelmælk
- 1 spsk kokosolie til smøring

TIL GLISREN:
- 2 tsk Moringa pulver, til Moringa glasuren
- 2 tsk Super-Cacao Powder, til kakaoglasuren
- 4 spsk kokossmør, delvist smeltet
- 2 spsk rå honning eller ahornsirup

TIL TOPPING:
- kakaonibs
- hakkede hasselnødder
- spiselige rosenblade

INSTRUKTIONER:
a) Forvarm ovnen til 180C.
b) For at lave donuts skal du tilføje boghvedemel, malede mandler, natron, lyserødt salt og kokossukker i en stor skål.
c) Kombiner ægget, moset banan, ahornsirup og mandelmælk i en separat skål, og vend forsigtigt de våde ingredienser i de tørre ingredienser, indtil de er helt blandet. Del blandingen i to skåle og rør Moringa-pulveret i den ene og kakaopulveret til den anden.
d) Smør forsigtigt en doughnutpande med kokosolie og hæld begge doughnutblandingerne i formene.
e) Bages i ovnen i 12-15 minutter og lad dem køle af på en rist inden glasering.
f) For at lave både kakao- og Moringa-glasuren skal du kombinere det delvist smeltede kokossmør og honning. Del blandingen i to skåle og rør Moringa-pulveret i den ene og kakaopulveret til den anden. Ønskes en mere flydende konsistens, tilsæt et skvæt kogende vand eller noget mere smeltet kokossmør og bland godt.
g) Dyp donutsene i glasuren, indtil de er helt dækket, og top med hakkede hasselnødder, spiselige rosenblade eller kakaonibs.

10. Vanilje Moringa pandekager

Giver: 2 portioner

INGREDIENSER:
- 1¾ kopper gammeldags havregryn
- 2 spsk usødet Moringa-pulver
- 2 spsk sukkerfri vaniljebuddingblanding
- 1½ tsk bagepulver
- 1 tsk bagepulver
- ¼ tsk salt
- 2 spsk kokosolie, smeltet
- 1 spsk ahornsirup
- 1 stort æg
- 1 tsk vaniljeekstrakt
- 1½ kopper 2% fedtfattig mælk

INSTRUKTIONER:
a) Tilsæt alle ingredienserne til en blender. Den smeltede kokosolie kan hærde, når den kombineres med koldere ingredienser, så du kan varme mælken lidt for at forhindre, at dette sker, hvis du vil.
b) Blend det hele i blenderen, indtil du har en jævn væske.
c) Hæld pandekageblandingen i en stor skål.
d) Lad dejen hvile i 5 til 10 minutter. Dette tillader alle ingredienserne at komme sammen og giver dejen en bedre konsistens.
e) Spray en non-stick stegepande eller stegepande generøst med vegetabilsk olie og opvarm over medium varme.
f) Når panden er varm, tilsæt dejen ved hjælp af en ¼-kops målebæger og hæld dejen i stegepanden for at lave pandekagen. Brug målebægeret til at forme pandekagen.
g) Kog, indtil siderne ser stivnede ud, og der dannes bobler i midten, og vend derefter pandekagen.
h) Når pandekagen er stegt på den side, tages pandekagen af varmen og lægges på en tallerken.
i) Fortsæt disse trin med resten af dejen.

11. Surdejsbrød med Moringa

Giver: 1 brød

INGREDIENSER:
- 1 kop stærk Moringa, lunken
- 7 ounce hvedesurdejsstarter
- 1 spsk salt
- 5 kopper hvedemel og olivenolie til skålen

INSTRUKTIONER:
a) Bland ingredienserne og ælt godt. Lad dejen hæve i en smurt og tildækket skål i 1 time.
b) Hæld forsigtigt dejen ud på et bagebord.
c) Fold forsigtigt brødet og læg det på en smurt bageplade. Lad den hæve i yderligere 30 minutter.
d) Indledende ovntemperatur: 475°F.
e) Sæt brødet i ovnen og drys en kop vand i bunden af ovnen. Reducer temperaturen til 400°F.
f) Bag brødet i cirka 25 minutter.

12. Moringa og Nasturtiums Smoothie Bowl

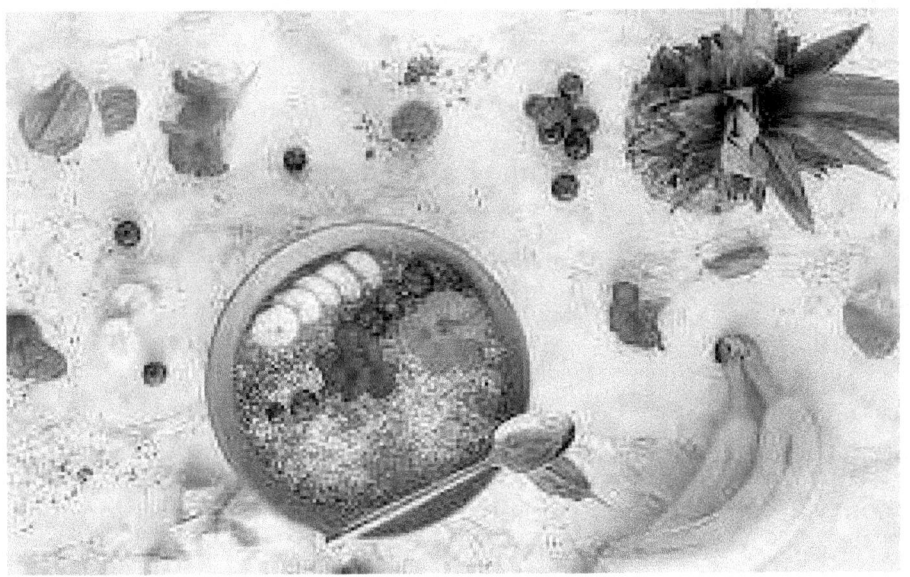

Gør: 1

INGREDIENSER:
- 1 kop spinat
- 1 frossen banan
- ½ kop ananas
- ½ teskefuld Moringa-pulver af høj kvalitet
- ½ tsk vaniljeekstrakt
- ⅓ kop usødet mandelmælk

TOPPING
- Chia frø
- Nasturtium

INSTRUKTIONER:

a) Kom alle smoothie-ingredienserne i en blender. Puls indtil glat og cremet.

b) Hæld smoothien i en skål.

c) Drys med toppings og spis med det samme.

13. Moringa, agurk og mynte iste

Giver: 2 portioner

INGREDIENSER:
- 1 miniskefuld Moringa pulver
- 3 pumper Agurk & Mint Iced Tea sirup
- Afkølet vand + is

INSTRUKTIONER:
a) Kombiner Moringa-pulveret og siruppen i en kop
b) Fyld op til ¾ med vand
c) Rør og tilsæt is til fyld

14. Mørk Moringa varm chokolade

Giver: 2 portioner

INGREDIENSER:
- 1 scoop Fairtrade mørk varm chokolade
- 1 miniskefuld Moringa pulver
- Dampet mælk

INSTRUKTIONER:
a) Kombiner Moringaen med et stænk varmt vand og bland til en jævn pasta
b) Fyld op med dampet mælk under omrøring, mens du hælder

15. Moringa Vanilla Latte

Giver: 2 portioner

INGREDIENSER:
- 2 pumper vaniljesirup
- 1 miniske Moringa-pulver plus mere til aftørring
- Dampet mælk

INSTRUKTIONER:
a) Kombiner siruppen og Moringa i en kop med et stænk varmt vand
b) Bland til en jævn pasta
c) Fyld op med dampet mælk under omrøring, mens du hælder
d) Støv med Moringa

16. Smoothieskål til morgenmad

Giver: 2 portioner

INGREDIENSER:
- 2 bananer
- ½ kop mandelmælk
- ½ kop vand
- ¼ avocado
- 1 tsk Moringa
- Skråbe honning

INSTRUKTIONER:
d) Blend dine ingredienser
e) Hæld i en smuk skål
f) Pynt med dine yndlingsfrugter.

17. Cashew Moringa Latte

Giver: 2 portioner

INGREDIENSER:
- ½ teskefuld Moringa
- 1 kop cashewmælk
- Valgfrit: Honning

INSTRUKTIONER:
c) Opløs Moringa-pulveret med et stænk varmt vand for at danne en sirup.
d) Skum varm cashewmælk og tilsæt til en blender med siruppen for at skabe den skummende effekt.

18. **Moringa Overnight Oats**

Giver: 1 portion

INGREDIENSER
- ½ kop gammeldags havre
- ½ kop mælk eller mælkealternativ efter eget valg
- ¼ kop græsk yoghurt
- 1 tsk Moringa pulver
- 2 tsk chiafrø
- 1 tsk honning
- skvæt vaniljeekstrakt

INSTRUKTIONER
a) Mål alle ingredienser op i en krukke eller skål og bland godt.
b) Stil på køl og nyd næste morgen!

19. Rose Moringa Latte

Gør: 1

INGREDIENSER:
- 2 tsk Moringa pulver med rosenknopper
- 1 spsk varmt vand
- 4 ounce varm havremælk eller et andet mejeri
- 1 tsk honning (valgfrit)

INSTRUKTIONER
a) Sigt Moringa-pulveret i en kop.
b) Tilsæt vand og rør, indtil der ikke er klumper tilbage. Hæld mælk i, pisk indtil drikken er skummende.
c) Rør honning i, hvis det ønskes.

SNACKS OG FORRETTER

20. Mint Moringa Oreos

Gør: 20-24

INGREDIENSER:
- 1½ kop havremel
- ½ kop kakaopulver
- ½ kop kokossukker eller hvidt/brunt sukker
- ½ tsk bagepulver
- ¼ tsk salt
- ½ kop kokosolie
- ¼ kop mælk efter eget valg

TIL MYNTE Moringa-CREMEN
- 1 kop cashewnødder – gerne udblødt i 4 timer
- 2 spsk ahornsirup eller flydende sødemiddel efter eget valg
- 1 spsk kokosolie
- ¼ kop mælk
- 1 tsk FERA Moringa
- 1 tsk mynteekstrakt

INSTRUKTIONER:
a) Forvarm din ovn til 350°F.
b) Bland mel, kakao, sukker, bagepulver og salt i en skål. Tilsæt kokosolie og mælk. Bland for at kombinere.
c) Hæld dejen over på en godt meldrysset overflade. Rul ud til et ¼-tommer tykt rektangel og brug en rund kageudstikker til at skære kagerne ud.
d) Anret på en beklædt bageplade og bag i 15-20 minutter. Lad køle helt af.
e) Blend alle ingredienserne til fyldet i en blender, indtil det er glat.
f) Fordel et tyndt lag af fyldet på en af småkagerne og top med en anden.
g) Opbevares i en lufttæt beholder i op til 4 dage.
h) God fornøjelse!

21. Moringa Fortune Cookies

Gør: 18 store lykkekager

INGREDIENSER
- ¾ kop sukker
- 3 store æggehvider
- 4 ounce usaltet smør, smeltet og afkølet
- ½ kop universalmel
- 1 spsk Moringa pulver
- 18 små papirformuer

INSTRUKTIONER:
a) I en mellemstor skål piskes sukkeret med æggehvider, smør, mel og Moringa-pulver, indtil det er glat. Dæk dejen og stil den på køl i 1 time.
b) Forvarm ovnen til 325° og beklæd en bageplade med en silikonemåtte. Hav et kaffekrus og muffinsform i standardstørrelse ved hånden.
c) Hæld to 2-spsk-størrelse høje af dej på bagepladen, 6 inches fra hinanden. Brug en offset spatel til at sprede dejen for at lave to 6-tommer runder.
d) Bages i midten af ovnen i 12 til 14 minutter, indtil kanterne er brune og centrene stadig er lyse.
e) Lad afkøle i 10 sekunder, og brug derefter en spatel, vend den ene tuile og placer en papirformue i midten. Fold tuile på midten og bring derefter enderne sammen ved at bruge kanten af kaffekruset til at lave folder. Stil lykkekagen i en muffinkop for at holde formen. Gentag med den anden tuile. Hvis tuile hærder, skal du sætte den tilbage i ovnen i et par sekunder.
f) Gentag med den resterende dej og formuer. Lad småkagerne køle helt af inden servering.

22. Ingen bage Moringa energikugler

Gør: 20 bolde

INGREDIENSER
- 1 dynget spiseskefuld Moringa bladpulver
- 1 kop blandede frø
- 1 dynget tsk kanelpulver
- ½ tsk friskrevet ingefær
- ⅔ kop rosiner
- 1 tsk vaniljeekstrakt

INSTRUKTIONER

a) Kværn frø sammen med Moringa-pulveret og kanel i en foodprocessor, indtil du får et groft måltid.

b) Tilsæt rosiner og vaniljeekstrakt, og processen indtil det hele klumper sammen.

c) Rul til kugler.

d) Server med det samme eller stil i køleskabet.

e) De holder sig i køleskabet i et par uger.

23. Moringa popcorn

Gør: 3-4

INGREDIENSER:
POPCORN:
- 100 g/½ kop popcornkerner
- 6 spsk smeltet kokosolie

Moringa TOPPING:
- 2 tsk Moringa pulver
- 4 spiseskefulde ernæringsgær
- ½ tsk havsalt

INSTRUKTIONER
a) Bland næringsgær, Moringapulver og havsalt i en lille skål.
b) Pop popcornene i en popcornmaskine eller i en stor gryde med 4 spsk kokosolie.
c) Hvis du bruger en gryde, tilsæt kokosolie og tre kerner. Dæk gryden med låg og varm op til medium.
d) Når kernerne er sprunget, tages de ud af gryden og resten af kernerne tilsættes. Lad dem springe, mens du ryster gryden hvert 10. sekund for at sikre, at de ikke brænder på.
e) Når alle kernerne er sprunget, lægges popcornene i en stor skål.
f) Dryp 2 spsk smeltet kokosolie over popcornene. Vend popcornene rundt i skålen for at dække med olien.
g) Drys Moringa-toppen over popcornene og bland godt. Tilsæt yderligere salt efter smag.
h) God fornøjelse!

24. Pistacie Amaranth Moringa barer

Gør: 9 barer

INGREDIENSER
SKORPE LAG:
- ⅓ kop puffet amarant
- ½ kop afskallede pistacienødder
- ½ kop tørret kokosnød
- ¼ tsk kanel
- ¼ tsk kardemomme
- knivspids lyserødt salt
- 3 spsk græskarkernesmør
- 3 spsk ahornsirup

Moringa LAG:
- 1½ dl cashewnødder, udblødt natten over
- 1 spsk Moringa pulver
- 1 Kalk, skal
- 1 Kalk, juice
- ¼ kop ahornsirup
- 1 tsk vanilje
- ½ kop mandelmælk
- 1 kop kokossmør
- 2 spsk kokosolie

INSTRUKTIONER
a) Forbered en firkantet kageform med aftagelig bund.
b) Kom afskallede pistacienødder i en foodprocessor eller højhastighedsblender, og blend nogle gange, indtil de er groft malet.
c) Tilsæt indtørret kokosnød, kanel, kardemomme og salt og pulsér indtil det er inkorporeret.
d) Hæld det hele i en mellemstor skål og bland den hævede amarant i.
e) I en lille skål blandes græskarkernesmør med ahornsirup og røres nu i resten af blandingen for at få en klistret konsistens.
f) Hæld skorpeblandingen i formen, fordel jævnt på bunden og tryk godt ned.
g) Stil i køleskabet.
h) I en dobbelt kedel smeltes forsigtigt kokossmør med kokosolie og stilles til side.
i) Skyl de udblødte cashewnødder under rindende vand og kom dem i blenderen. Tilsæt Moringapulver, Kalkskal, saft, ahornsirup, vanilje og mandelmælk og blend til en jævn masse. Tilsæt langsomt smeltet kokossmør og blend indtil det er inkorporeret. Sørg for, at blandingen har stuetemperatur, før du tilsætter kokossmørret.
j) Hæld på skorpelaget og glat toppen ud.
k) Sæt i fryseren i et par timer eller natten over for at sætte sig.
l) Når den er sat, tages den forsigtigt ud af formen og skæres i 9 firkanter med en skarp kniv.
m) Drys med mere Moringa-pulver og knuste pistacienødder.

25. Moringa- og citronkopper

Gør: 10

INGREDIENSER:
- ½ kop kokossmør
- ½ kop macadamianødder
- ½ kop kakaosmør
- ¼ kop kokosolie
- ¼ kop Swerve, pulveriseret
- 1 spsk citronskal, revet fint
- 1 tsk Moringa pulver

INSTRUKTIONER:
a) Start med at pulsere alle dine ingredienser, undtagen citronskal og Moringa, i en foodprocessor i et minut for at kombinere dem alle.
b) Fordel blandingen i to skåle. Den skal halveres så ligeligt som muligt, inden den deles i to.
c) Moringapulver skal placeres i en separat skål. I en bestemt ret skal du kombinere citronskal og de øvrige ingredienser.
d) Forbered 10 mini-muffinkopper ved at fylde dem halvt med Moringa-blanding og derefter toppe dem med halvanden spiseskefuld af din citronblanding. Sæt til side. Sørg for, at den har stået i køleskabet i mindst en time før servering.

26. Græskarfrø Moringa Cupcakes

Gør: 10 portioner
INGREDIENSER
CUPCAKES
- ½ kop kokosmel
- ½ kop tapiokamel
- ½ kop græskarkerner
- 2 tsk Moringa pulver
- ½ tsk bagepulver
- ¼ tsk salt
- 4 æg, stuetemperatur
- ½ kop kokosolie, plus mere til smøring af muffinsforme
- ½ kop honning

FROSTNING
- ½ kop håndfladeafkortning, ved stuetemperatur
- 2 spsk honning
- ½ tsk vaniljeekstrakt
- Smeltet chokolade og græskarkerner, til topping

INSTRUKTIONER

a) Forvarm ovnen til 375°F. Smør en muffinform i silikone med kokosolie, eller beklæd en muffinform med bagepapir.

b) Puls kokosmel, tapiokamel, græskarkerner, Moringapulver, natron og salt i en foodprocessor, indtil græskarkernerne er malet til et fint måltid.

c) Tilsæt æg, olie, honning og puré, indtil det er glat.

d) Hæld i kopperne i silikoneformen eller muffinformen, og sæt dem derefter i den forvarmede ovn. Reducer varmen til 350 ° F, og bag i 20-25 minutter, eller indtil en tester, der er indsat, kommer ren ud, og sæt den derefter til afkøling.

e) For at lave frostingen skal du piske fedtstof, honning og vanilje, indtil det er glat. Monter en kagepose med en kobling og spids, og læg derefter frostingen i konditorposen. Når cupcakesene er afkølet, rør frostingen ovenpå i et design efter eget valg.

f) Top med smeltet chokolade og flere græskarkerner. hvis ønsket.

27. Rå Moringa & Mint Chokolade Firkanter

Giver 12 firkanter

INGREDIENSER:
GRUNDLAG:
- 1 kop mandler
- 2 spsk kakaopulver
- 1 kop Medjool dadler
- knivspids salt

MYNTEFYLD:
- 2 tsk Moringa pulver
- 1½ dl cashewnødder
- ¼ kop friske mynteblade
- ¼ kop ahornsirup/rissirup/rå honning
- ½-¾ kop ikke-mejeri mælk
- ¼ kop smeltet kokosolie
- pebermynteekstrakt efter smag

RÅ CHOKOLADE TOPPING:
- ⅓ kop smeltet kokosolie
- ¼ kop kakaopulver
- 2 spsk ahornsirup/råhonning
- knivspids salt
- kakaonibs til pynt

INSTRUKTIONER:
a) Til bunden blendes mandlerne i en foodprocessor, indtil du har et groft mel. Tilsæt salt, kakaopulver og dadler og blend igen, indtil din blanding nemt klæber sammen med finger og tommelfinger.
b) Tryk jævnt ud i en bageform beklædt med bagepapir og stil formen i fryseren, mens du forbereder fyldet.
c) I en kraftig blender eller foodprocessor blendes cashewnødder, mynteblade, flydende sødemiddel, Moringa og mælk uden mejeri, indtil de er meget glatte. Tilsæt den smeltede kokosolie og blend igen. Til sidst tilsættes mynteekstrakten, blendes igen og smages til. Tilføj lidt mere, hvis det er nødvendigt.
d) Hæld myntefyldet over den forberedte bund og glat ud med en spatel. Sæt formen tilbage i fryseren. Pisk chokoladeingredienserne sammen i en mellemstor skål. Lad det køle lidt af i et minut.
e) Hæld myntefyldet over, fordel jævnt.
f) Drys med kakaonibs og sæt tilbage i fryseren for at stivne helt. Skær i firkanter og server med det samme eller fra køleskabet for en blødere konsistens.

28. Kakao, Moringa og Moringa makroner

INGREDIENSER:
- ½ kop revet kokosnød
- 1 spsk Moringa pulver
- 1 dynget spiseskefuld Moringa
- 3 spsk sesamfrø
- 2 spsk rå kakaonibs
- knivspids havsalt
- 5 spsk ahornsirup
- 4 spsk kokosolie
- 2 spsk cashew smør
- 1 vaniljestang eller 1 tsk vaniljeekstrakt

CACAO LAG:
- 2 spsk Philosophie Cacao Magic pulver

INSTRUKTIONER:
a) Bland alle tørre ingredienser i en skål.
b) Tilsæt våde ingredienser, bland godt, indtil konsistensen er jævn.
c) Nu har du to valg: Du kan enten trykke blandingen ned i en isterningbakke og fryse i 2 timer.
d) Derefter er dine makroner klar til at blive forkælet. Husk at opbevare dem i køleskabet.
e) Form blandingen til kugler, og rul dem derefter i cacao magic og cacao nibs for en overbærende sund chokolade touch.
f) Frys i 2 timer, og opbevar derefter i en tæt beholder i køleskabet.

29. Moringa Allehelgensaften Cupcakes

Gør: 12

INGREDIENSER:
TIL KAGER:
- 4 tsk Moringa pulver
- 120 g rismel
- 150 g malede mandler
- 2 tsk glutenfrit bagepulver
- 170 g smeltet kokosolie
- 150 ml ahornsirup
- 3 store æg
- 160 ml usødet mandelmælk
- 1 tsk vaniljeekstrakt

TIL FRISTING:
- 2 tsk Moringa pulver
- 2 x dåser fuldfed kokosmælk
- 1 spsk ahornsirup
- 1 tsk vaniljeekstrakt
- saft 1 Kalk
- 6 jordbær, halveret

INSTRUKTIONER:

a) Forvarm ovnen til 170°C og beklæd en 12-hullers cupcakeskål med cupcakeforme.

b) For at lave cupcakes skal du kombinere rismel, malede mandler, bagepulver og Moringa-pulver i en stor røreskål.

c) Tilsæt kokosolie, ahornsirup, æg, mandelmælk og vanilje i en blender eller foodprocessor og pulsér 4 gange.

d) Hæld de våde ingredienser i de tørre ingredienser og bland grundigt. Hæld dejen jævnt i de forberedte cupcakes.

e) Bag i ovnen i 25 minutter, eller indtil et spyd eller en kniv kommer rent ud.

f) For at lave frostingen, fjern det tykke øverste lag af hver dåse kokosmælk og læg den i en stor skål. Pisk i 1-2 minutter, indtil det er tykt og cremet. Tilsæt ahornsirup, Moringa, vanilje og Kalksaft, før du pisker igen i yderligere et minut.

g) Lad cupcakesene køle af i bakken i 15 minutter, inden de lægges på en rist.

h) Sprøjt eller fordel frostingen på hver afkølet cupcake og pynt med jordbær.

30. Fonio & Moringa kiks

Gør 10

INGREDIENSER:
TIL CRACKERS:
- ¾ kop Fonio Super-Grain, blandet til mel
- 1 tsk Moringa pulver
- 1 kop græskarkerner
- ¾ kop solsikkekerner
- ½ kop hørfrø, hele frø
- ½ kop chiafrø
- ⅓ kop glutenfri hurtig havre
- 2 spsk valmuefrø
- ½ tsk salt
- ½ tsk peber
- ¼ tsk gurkemejepulver
- 2 spsk chili olivenolie eller almindelig olivenolie
- ½ kop vand

TIL OSTEBÆRET:
- Nødder
- Tørret frugt
- Frisk frugt
- Vegansk ost

INSTRUKTIONER:
a) Forvarm ovnen til 190°. Bland alle de tørre ingredienser i en skål.
b) Tilsæt olivenolie og vand, bland det godt sammen, indtil det danner en dej.
c) Del blandingen i to dele. Tag den ene halvdel og læg i mellem til stykker bagepapir og rul dejen ud, 2-3 mm tyk.
d) Skær dem i den ønskede form og kom dem over på en bageplade. Gentag trinene med anden halvdel af dejen. Bages i 20-25 minutter eller indtil kanterne er gyldenbrune.
e) Lad afkøle i 10 min. Server med et udvalg af frugter, nødder, oste og dips.

31. Sunde Moringa-bolde

Giver: 14 energikugler

INGREDIENSER:
- ½ kop pistacienødder afskallede
- ¾ kop cashewnødder
- 12 dadler udstenede
- ¼ kop kokos strimlet, usødet
- 2 teskefulde Moringa pulver
- 1 spsk kokosolie

INSTRUKTIONER:
a) Tag ¼ kop pistacienødder og forarbejde i en foodprocessor, indtil de er fint malet. Tag til en separat skål og sæt til side.
b) Tilsæt cashewnødder, resterende ¼ kop pistacienødder, dadler, kokos, Moringa-pulver og kokosolie. Blend godt, indtil det er finthakket og blandingen er klistret.
c) Skrab blandingen ud til kugler, og rul med hænderne.
d) Rul kugler i malede pistacienødder og stil på køl i 15 minutter! God fornøjelse!

32. Heirloom Tomat Sashimi

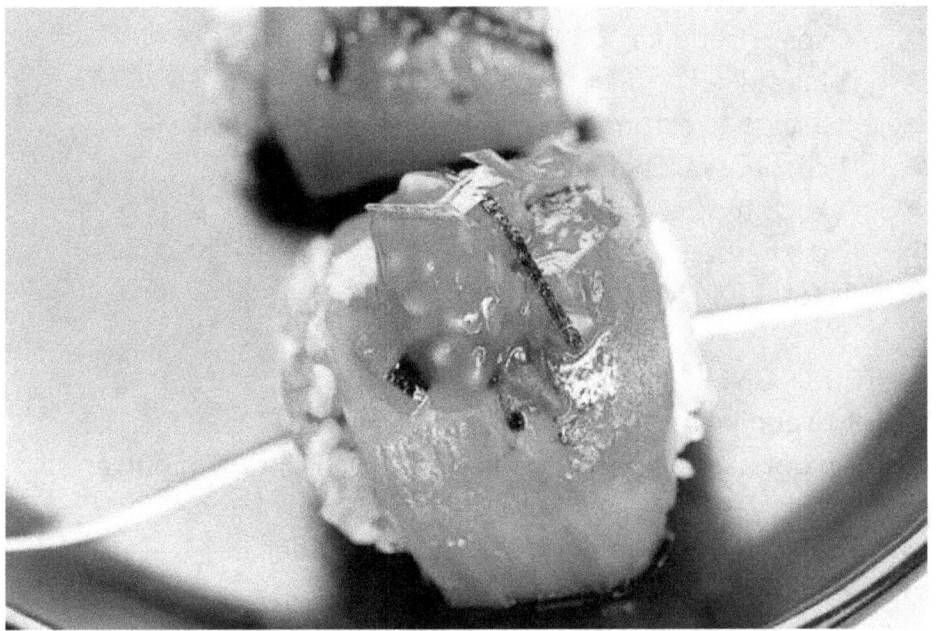

Gør: 6

INGREDIENSER:
- 4 spsk riseddike
- 1 tsk sukker
- 3 arvestykkestomater, udkernede og skåret i skiver
- 1 citron, skåret i halve
- 1 kop strimlet daikon
- 2 tsk havsalt
- ¼ teskefuld Moringa

INSTRUKTIONER:
a) Rør riseddike og sukker sammen i en gryde.
b) Bring det næsten i kog, og lad det simre i cirka 2 minutter.
c) Fjern fra varmen og afkøl helt.
d) Fordel tomaterne mellem 2 serveringsplader.
e) Drys reduceret eddike over tomaterne.
f) Læg 1 citronhalvdel på siden af hver tallerken.
g) Læg ½ halvdelen af daikon på toppen af hver tallerken.
h) Fordel det mellem to retter.
i) Pres citronen over tomaterne.
j) Bland havsalt og Moringa-pulver.
k) Drys Moringa/saltblandingen ovenpå.

33. Pistacie & Moringa Bliss Bolde

Giver: 4 portioner

INGREDIENSER:
- 1 tsk Moringa
- ½ kop rå cashewnødder
- ½ kop usødet tørret kokosnød
- 20 ml spiseskefulde mandelmel
- 20 ml spiseskefulde kokosmel
- 20 ml spiseskefulde vand
- 20 ml spiseskefulde rismaltsirup
- 20 ml spsk ekstra jomfru kokosolie, smeltet
- ¼ kop afskallede pistacienødder, hakket

INSTRUKTIONER:

a) I en foodprocessor blender du cashewnødder, kokos, mandelmel, kokosmel og Moringa-pulver, indtil du får konsistensen af fine krummer.

b) Tilsæt vand, rismaltsirup og smeltet kokosolie og blend indtil alt er godt blandet. Blandingen skal være klistret nok til at holde sammen, men ikke så klistret, at du ikke kan trille den til kugler. Hvis blandingen er for klistret, tilsæt en lille smule mere kokosmel. Hvis det er for tørt, tilsæt et strejf mere vand.

c) Rul blandingen til kugler og læg de hakkede pistacienødder i, og tryk nødderne let ind i kuglerne for at få dem til at blive siddende. Lad kuglerne stivne i køleskabet. Opbevares i køleskabet i en lufttæt beholder.

34. <u>Moringa Kalk Popcorn</u>

Giver: 2 portioner

INGREDIENSER
- 1 spsk kokosolie
- ¼ kop popcornkerner
- 2 spsk sukker
- 1 spsk vegansk smør
- ½ tsk vand
- 1 tsk Moringa pulver
- 1 tsk meget finthakket Kalkskal

INSTRUKTIONER

a) Varm olien op i en stor og dyb gryde eller gryde ved middel varme. Kom et par popcornkerner i gryden og vent på, at de popper.

b) Når de er sprunget, tilsæt resten af popcornkernerne, rør rundt for at dække med olie og tag dem af varmen. Vent 30-50 sekunder og sæt gryden tilbage på komfuret.

c) Dæk med låg og vent til kernerne springer. Når det begynder at poppe, ryst gryden et par gange for at sikre, at alle kerner koger jævnt. Fortsæt med at koge, indtil alle kerner er sprunget. Fjern fra varmen og overfør til en stor røreskål.

d) Tilsæt sukker og vegansk smør i en lille gryde. Tilsæt også gerne en knivspids salt. Varm op over medium varme og lad det koge i cirka 1 minut. Tilsæt vandet, rør rundt og kog i yderligere 20 sekunder, eller indtil sukkeret er helt opløst.

e) Hæld popcornene over under omrøring for at dække det jævnt med siruppen. Sigt Moringa-pulveret over popcornene, og rør til det dækker. Tilsæt Kalkskal og rør igen.

f) Server straks! Disse popcorn serveres bedst samme dag, men du kan genopvarme dem næste dag i en 350°F forvarmet ovn i cirka 5 minutter.

35. **Moringa Mochi**

Gør: 6 mochi

INGREDIENSER
CASHEW CREME
- ½ kop rå cashewnødder udblødt natten over
- ½ kop vand

Moringa FYLDNING
- 50 g kakaosmør
- 45 g pulveriseret sukker
- 1 tsk Moringa-pulver, brug ceremoniel kvalitet for den bedste smag
- 2 spsk cashewcreme
- ¼ tsk vaniljeekstrakt

MOCHI-DEJ
- ½ kop sødt rismel
- 2 spsk hvidt sukker
- 6 spsk mandelmælk eller anden plantebaseret mælk
- 1 og ½ tsk olie
- ¼ tsk Moringa pulver

INSTRUKTIONER
CASHEW CREME
a) Dræn cashewnødderne og kom dem med vandet i en hurtigblender. Blend på høj i 30-50 sekunder, eller indtil glat. Overfør til en skål og stil til side.

Moringa FYLDNING
b) Smelt kakaosmørret i en lille gryde. Fjern fra varmen, så snart det er smeltet. Kakaosmørret må ikke være varmt. Hvis det er for varmt, lad det køle af i et par minutter, eller indtil stuetemperatur.

c) Overfør det smeltede kakaosmør til en lille skål. Tilsæt pulveriseret sukker, Moringa, cashewcreme og vanilje.

d) Pisk indtil det er helt blandet, og fortsæt med at piske i 2-3 minutter, eller indtil det er lidt tyknet.

e) Overfør til køleskabet og stil på køl i cirka 2 timer, eller indtil den er stivnet.

f) Mochi dej

g) I en lille skål piskes det søde rismel, hvidt sukker, mandelmælk, olie og Moringa-pulver sammen.

h) Bring en gryde med vand i kog og læg en bambus-damperkurv ovenpå.

i) Overfør blandingen til en beholder, der passer ind i din bambusdamper.

j) Luk med låg og damp i 20 minutter. Halvvejs gennem dampning, rør med en ske.

k) Efter 20 minutter, lad dejen køle af i 15-20 minutter, eller indtil den er lige varm. Kom over i en skål og rør godt med en træske, indtil dejen er glat.

l) Pak den klistrede dej ind i plastfolie og stil den på køl i cirka 45 minutter.

m) Til formning: Tag 1,5 tsk kugler af Moringafyldet ud og rul dem forsigtigt til kugler, sæt til side. Støv en arbejdsflade med majsstivelse. Tag en lille mængde mochi-dej og flad den ud til en rund på den støvede overflade.

n) Læg en kugle af fyldet på midten af dejen og vikl dejen rundt om fyldet. Klem kanterne sammen for at forsegle. Overfør til en tallerken med det forseglede ansigt nedad. Gentag med det resterende fyld og dej.

o) Nyd med det samme, eller stil på køl i et par timer. Mochi serveres bedst samme dag, men holder sig i op til 3 dage i køleskabet.

36. Moringa Chokolade med Macadamia

Giver: 2 portioner

INGREDIENSER:
- 10 g kakaosmør
- 3 spsk fast kokosolie
- 2 teskefulde Moringa pulver
- 1 tsk rå kakaopulver
- 2,5 spsk flydende sødemiddel
- knivspids vaniljeekstrakt
- knivspids havsalt
- 1 tsk citronskal
- Toppings efter eget valg. Jeg gik efter macadamianødder, pepitas og gojibær.

INSTRUKTIONER:
a) Beklæd en gryde med bagepapir.
b) Tilsæt kakaosmør i en skål og sæt skålen oven på en lille gryde med kogende vand.
c) Smelt kakaosmørret og tilsæt kokosolien.
d) Lad det smelte og rør rundt med en træ- eller silikonespatel.
e) Tilsæt Moringa og kakaopulver og rør rundt.
f) Tilsæt vanilje, havsalt og sødemiddel efter eget valg og rør, indtil alt er blandet.
g) Tag skålen af varmen og fortsæt med at røre langsomt, indtil chokoladen begynder at sætte sig lidt.
h) Tilsæt citronskal og fortsæt med at røre for at fordele det jævnt.
i) Hæld chokoladen i den forberedte gryde og tilsæt dine toppings.
j) Stil den i køleskabet og lad den stivne helt.

37. Moringa Peanut Mochi

INGREDIENSER:
MOCHI:
- 300 g klæbrigt rismel
- 50 g hvedestivelse
- 75 g flormelis
- 1½ spsk olie
- 450 ml vand
- ½ tsk Moringa pulver

PEANUT FYLD:
- 300 g blandede ristede peanuts
- 100 g flormelis
- ¼ tsk salt

MEL TIL OVERTRÆKNING OG STØVNING:
- 200g rismel, stegt i 20 min ved middel varme.

INSTRUKTIONER:
a) Bland alle mochi-ingredienserne, indtil de er godt blandet. Sigt og hæld i en smurt dampbakke og damp ved middel varme i 25 min.
b) Når rismelsblandingen er kølig nok til at håndtere, skrabes den ud på en arbejdsflade, der er spredt let med puddermel.
c) Del madlavningsdejen i små portioner, ca. 35-40 g hver ved hjælp af en skarp kniv, der er støvet i mel.
d) Arbejd med et stykke ad gangen og drys dine hænder med mel for at forhindre, at det klæber, rul hvert stykke til en kugle.
e) Flad bolden og brug derefter dine hænder til at forme den til en runde på 8 cm.
f) Bland alle fyldets ingredienser, og læg derefter en spiseskefuld af fyldet i midten af runden, og før derefter kanterne over fyldet for at omslutte, klem dem godt sammen for at forsegle.
g) Rul forsigtigt igen til en runde, og tryk lidt på toppen for at flade lidt.
h) Beklæd Mochien med mel for at glatte overfladen.
i) Mochi opbevares i en lufttæt beholder i op til 2 dage.

38. Blåbær Moringa Muffins

INGREDIENSER
VÅD:
- ½ kop Moringa
- 1 tsk citronskal
- ½ kop sødmælk, varm
- 1 stang usaltet smør, smeltet
- 2 æg

TØR:
- 2-½ kop universal glutenfrit mel
- 2 tsk bagepulver
- ¼ teskefuld bagepulver
- 1 kop hvidt granuleret sukker
- 1 tsk Kosher Salt
- 1 kop friske blåbær

INSTRUKTIONER:
a) Forvarm din ovn til 350 grader.
b) I en blender. tilsæt alle de våde ingredienser og lad dem sidde i ti minutter, og blend derefter indtil glatte.
c) Blandingen bliver indigo fra Moringa og ser lidt tyk ud fra det smeltede smør. Læg det til side.
d) Tilsæt glutenfrit mel, bagepulver, bagepulver, sukker og kosher salt i en stor skål og giv det en blanding.
e) Reserver en kvart kop af den tørre blanding og smid blåbærene, indtil de er dækket, sæt dem til side. Dette vil absorbere overskydende fugt og forhindre dem i at ændre dejens konsistens.
f) Imens røres de våde ingredienser i de tørre ingredienser i en stor skål ved hjælp af en spatel. Blandingen vil variere i blå nuancer, og det er okay. Når dejen ser kombineret ud, drys blåbærene i og fold dem forsigtigt i.
g) Saml dine mini-muffinsforme med muffinsindlæg.
h) Brug en scoop til at fylde minimuffinsformene ¾ af vejen.
i) Bag muffins i 10 minutter eller indtil en indsat tandstik kommer ren ud.

39. Moringa Granola barer

Giver: 4 portioner

INGREDIENSER:
- 2 kopper havregryn, glutenfri hvis det ønskes
- 1 kop Pepitas
- 1½ kopper usødet puffede riskorn
- ½ kop tørret frugt, groft hakket
- ¼ teskefulde flagende havsalt
- 1½ spsk Moringa pulver
- ⅓ kop brune rissirup
- 3 spsk ahornsirup
- ½ kop tahini
- 2 spsk kokosolie
- 1 tsk vaniljeekstrakt

INSTRUKTIONER:
a) Forvarm ovnen til 325°F/160°C.
b) Kom havre og pepitas på en bageplade og bag i 10-15 minutter under omrøring en eller to gange, indtil havren er gylden og har en nøddeagtig aroma.
c) Kombiner brune rissirup, ahornsirup, tahini, kokosolie og vanilje i en lille gryde.
d) Pisk for at kombinere. Må ikke overophedes.
e) I en stor skål kombineres de afkølede havre og græskarkerner med den hakkede tørrede frugt, rispuster, salt og Moringa-pulver.
f) Hæld de våde ingredienser over de tørre ingredienser og rør hurtigt for at blande.
g) Hæld blandingen i en brownieform beklædt med plastfolie eller bagepapir. Tryk blandingen godt fast, især ind i hjørnerne.
h) Stil i køleskabet i et par timer for at stivne, tag derefter ud af køleskabet og skær i skiver. Opbevar rester i køleskabet i op til to uger.

40. Moringa Yuzu Popcorn

Giver: 2 portioner

INGREDIENSER
- 1 spsk kokosolie
- ¼ kop popcornkerner
- 2 spsk sukker
- 1 spsk vegansk smør
- ½ tsk vand
- 1 tsk Moringa pulver
- 1 tsk meget finthakket yuzu-skal og -saft

INSTRUKTIONER
g) Varm olien op i en stor og dyb gryde eller gryde ved middel varme.
h) Kom et par popcornkerner i gryden og vent på, at de popper.
i) Når de er sprunget, tilsæt resten af popcornkernerne, rør rundt for at dække med olie og tag dem af varmen. Vent 30-50 sekunder og sæt gryden tilbage på komfuret.
j) Dæk med låg og vent til kernerne springer. Når det begynder at poppe, ryst gryden et par gange for at sikre, at alle kerner koger jævnt. Fortsæt med at koge, indtil alle kerner er sprunget. Fjern fra varmen og overfør til en stor røreskål.
k) Tilsæt sukker og vegansk smør i en lille gryde. Tilsæt også gerne en knivspids salt. Varm op over medium varme og lad det koge i cirka 1 minut. Tilsæt vandet, rør rundt og kog i yderligere 20 sekunder, eller indtil sukkeret er helt opløst.
l) Hæld popcornene over under omrøring for at dække det jævnt med siruppen.
m) Sigt Moringaen over popcornene og rør rundt, så det dækker. Tilsæt yuzu-skallerne og saften og rør igen.
n) Server straks.

41. Moringa mandelhalvmåner

Gør: 3 dusin småkager
INGREDIENSER
Moringa DEJ:
- ½ kop vegansk smør
- ½ kop glat mandelsmør
- ⅔ Kop granuleret sukker
- 3 spiseskefulde vegansk vaniljeyoghurt
- 1 spiseskefuld Moringa te pulver
- 1 tsk vaniljeekstrakt
- ½ teskefuld mandelekstrakt
- 2 kopper universalmel
- 1 kop blancheret mandelmel
- ¼ teskefuld salt

AT FÆRDIGGØRE:
- ½ konditorsukker

INSTRUKTIONER

a) Brug din standmixer med pagajtilbehøret installeret, og flød smør, mandelsmør, sukker, yoghurt, blå Moringa, vanilje og mandelekstrakt sammen. Bland indtil det er helt homogent, let og luftigt.

b) I en separat skål piskes både mel og salt sammen. Tilsæt gradvist de tørre ingredienser med motoren på den lavest mulige hastighed, indtil den er helt indarbejdet. Hold pause for at skrabe siderne af skålen ned efter behov.

c) Tag omkring små dejkugler ud til hver småkage, og rul mellem let fugtede hænder til cylindre. Tryk med en let kraft på de ydre ender for at gøre dem til mere spidse horn, og bøj dem til halvmåneformer.

d) Placer ca. 1 tomme fra hinanden på usmurte bageplader, og bag i 22 - 26 minutter, eller indtil sæt og bunde er let brunede. Lad den stå i 2-3 minutter, før den tages ud på rist for at køle helt af.

e) Vend med konditorsukker til belægning. Server eller gem i fryseren i op til 3 måneder.

HOVEDRET

42. Moringa linse kokos karry

Gør: 4 portioner

INGREDIENSER:
- 2 tsk Moringa pulver
- 1 ⅓ kop røde linser
- 1 rødløg
- 3 fed hvidløg
- 1 knop ingefær
- 1 tsk karrypulver
- 1 tsk gurkemejepulver
- 1 tsk spidskommen frø
- 3 kardemommebælg, knuste
- 1 dåse kokosmælk
- 2 dl grøntsagsfond
- 2 store håndfulde spinat

INSTRUKTIONER:
a) Varm olivenolien op i en stegepande ved middel varme. Tilsæt løg, hvidløg og ingefær og steg i et par minutter, indtil de er bløde. Tilsæt alle krydderierne og kog i yderligere et par minutter.
b) Tilsæt linser og grøntsagsfond. Bring det i kog, reducer derefter varmen og lad det simre i fem minutter.
c) Tilsæt kokosmælken og smag til med salt og peber. Kog i yderligere 15-20 minutter under jævnlig omrøring, indtil linserne er kogte. Tag af varmen og rør spinat og Moringapulver i.

43. Spinat & Moringa Dhal

Gør: 2

INGREDIENSER:
- 2 dybede teskefulde Moringa-pulver
- 2 tsk ghee
- 1 løg, finthakket
- 2 små fed hvidløg, finthakket
- 1 kop røde linser
- 1 dåse kokosfløde
- 500 ml frisk grøntsagsfond
- 300 g spinat
- 2 tsk stødt spidskommen
- 1 tsk stødt gurkemeje
- 1 tsk malet ingefær
- 1 tsk stødt koriander
- En knivspids karryblade
- ½ tørrede chiliflager
- En flok korianderstilke, finthakket, blade adskilt og revet
- salt og peber efter smag

AT TJENE:
- Kokos yoghurt
- Metode:

INSTRUKTIONER:
a) Varm gheen op i en stor gryde. Tilsæt løget og sved i cirka 5 minutter, eller indtil løgene er bløde
b) Tilsæt hvidløg og korianderstilke og steg i 1 minut. Tilsæt spidskommen, gurkemeje, ingefær, malet koriander, karryblade og chiliflager, rør rundt og lad det koge i yderligere et minut.
c) Rør linserne i og kog i 1 minut. Tilsæt dåsen med kokosfløde og grøntsagsfonden og bring det i kog. Reducer varmen og lad det simre i ca. 10 minutter.
d) Rør spinatbladene i og lad det simre i ca. 40 minutter, rør af og til for at forhindre linserne i at sætte sig fast og tilsæt mere varmt vand, hvis det er nødvendigt.
e) Rør Moringa-pulveret i 5 minutter før slutningen af tilberedningstiden.
f) Tilsæt salt og peber. Når linserne er bløde og har en flot, cremet konsistens, tages det af varmen og korianderbladene røres igennem, og efterlader et par stykker til pynt.
g) Servér skåle med et drys korianderblade og tilsæt en klat kokosyoghurt eller server ved siden af.

44. Pocheret laks med grøn urtesalsa

Giver: 4 portioner

INGREDIENSER:
- 3 kopper vand
- Moringa pulver
- 2 store laksefileter
- 4 spiseskefulde ekstra jomfru olivenolie
- 3 spsk citronsaft, friskpresset
- 2 spsk persille, friskhakket
- 2 spsk basilikum, friskhakket
- 2 spsk oregano, friskhakket
- 2 spsk asiatisk purløg, friskhakket
- 2 tsk timianblade
- 2 tsk hvidløg, hakket

INSTRUKTIONER:
a) Bring vand i kog i en stor gryde. Tilsæt moringa, og tag derefter af varmen.
b) Lad det trække i 3 minutter og sigt derefter.
c) Tilsæt laksen og sænk varmen.
d) Pocher laksefileterne, indtil de bliver uigennemsigtige i den midterste del. Kog laksen i 5-8 minutter eller indtil den er gennemstegt.
e) Tag laksen op af gryden og stil den til side.
f) I en blender eller foodprocessor hældes alle de friskhakkede krydderurter, olivenolie og citronsaft. Blend godt indtil blandingen danner en glat pasta. Smag pastaen til med salt og peber. Du kan justere krydderierne efter behov.
g) Anret den pocherede laks på et stort fad og top med den friske urtepasta.

45. Moringa og svampebouillon med miso

Giver: 2 portioner

INGREDIENSER:
- Moringa pulver
- 3 kopper kogende vand eller grøntsagsfond
- 1 tsk olivenolie
- ½ tsk sesamolie
- ¼ kop løg; fint skåret i tern
- ½ pund hvide svampe; tynde skiver
- ¼ kop gulerod; strimlet
- 1 2-tommer pc citrongræs; eller citronskal
- 1 stort fed hvidløg; hakket
- 1 spsk Miso; pakket ind i plastik
- Salt og peber; at smage

INSTRUKTIONER:
a) Hæld moringa i vand eller bouillon, indtil den er brygget, cirka 4 minutter. Sigte.
b) Opvarm 1 qt tung gryde til den er varm over medium varme. Tilsæt oliven- og sesamolie. Tilsæt straks løg, champignon, gulerod, citrongræs eller citronskal og hvidløg. Kog i 4-5 minutter. Tilføj te; simre forsigtigt i 5 minutter. Hæld i en termokande.
c) Når du er klar til at spise, skal du pakke misoen ud og komme den i en termokande. Dæk til og ryst let. Gør: 1 stor portion eller to 1-kops portioner.

46. Moringa kylling karry med Kalk

Giver: 4 portioner

INGREDIENSER
- 2 spsk koriander, frø plus 1 stort bundt, hakket
- 1 spsk Spidskommen, frø
- 1 ½ tsk, Moringa
- 1 knivspids, friskrevet muskatnød
- 6 fed hvidløg, hakket
- 5 Skalotteløg, hakket
- 8 Chili Peber, grøn, frøet og hakket
- 125 g Galangal, hakket
- 2 citrongræsstængler, yderste blade fjernet, inderste stængler hakket
- 4 Kaffir Kalk blade, hakket
- 2 Rejepasta spiseskefulde
- 1 Kalk, juice
- 4 spsk jordnøddeolie
- 2 kyllingebryst uden skind, skåret i skiver
- 400 ml kyllingefond
- 400 ml kokosmælk
- 250 g Mangetout, skåret i grove skiver
- 4 små Bok Choy, groft hakket
- Salt
- Sort peber, friskkværnet
- Korianderkviste
- 2 Kalkfrugter, skåret i tern
- 1 spiseskefuld sorte peberkorn, knust

INSTRUKTIONER:
a) Sådan laver du en krydret Moringa kylling karry med Kalk
b) Rist koriander og spidskommen i en tør stegepande ved middel varme, indtil de er aromatiske.
c) Hæld i en krydderikværn, tilsæt Moringa-pulveret og blend indtil det er fint og pulveragtigt.
d) Kom den i en blender eller foodprocessor.

e) Tilsæt muskatnød, hvidløg, skalotteløg, koriander, chili, galangal, citrongræs, kaffir, Kalkblade, rejepasta og Kalksaft.
f) Blend på høj indtil glat og pasta-agtig.
g) Opvarm 2 spsk olie i en stor wok ved moderat varme.
h) Krydr kyllingen med salt og peber, inden den tilsættes i wokken og steges til den er gylden, cirka 3-4 minutter.
i) Overfør til en tallerken.
j) Tilsæt den resterende olie og derefter pastaen, og steg indtil den begynder at blive mørkere, mens den ofte er ca. 4-5 minutter.
k) Pisk bouillon og kokosmælk i og bring det i kog.
l) Læg kyllingen i saucen, dæk den delvist med et låg, og kog ved svag varme, indtil den er gennemstegt ca. 6-8 minutter.
m) Tilsæt mangetout og pak choi til karryen og kog i yderligere 3-4 minutter, indtil de er møre.
n) Smag karryen til med salt og peber efter smag.
o) Server Moringa kyllingekarryen fra wokken med en pynt af korianderkviste, nogle Kalkbåde og et drys knuste sorte peberkorn.

47. Moringerøget kylling med mango rissalat

Giver: 4 portioner

INGREDIENSER
Moringa-RØGET KYLLING
- 3 kyllingebryst, skin-on
- 50 g groft havsalt
- 2 spiseskefulde Moringa
- 50 g honning
- ½ spiseskefulde sorte peberkorn, knuste
- 1 l kogende vand
- 50 g ris, enhver variant duer
- 30 g flormelis
- 20 g lys brun farin

SALAT
- 150 g brune ris
- 200 g grønne bønner, trimmet og skåret i 5 cm længder
- 2 mangoer, lige modne
- 4 spsk frisk mynte, hakket
- 4 spsk frisk koriander, hakket, plus ekstra til pynt
- 2 røde chilier, udkernede og finthakket
- Kalk, skåret i tern til servering

FORBINDING
- 3 spiseskefulde riseddike
- 1 Kalk, skrællet og saftet
- 3 spsk jordnøddeolie, eller rapsolie
- 1 spsk ingefær, revet
- 1 fed hvidløg, knust
- 1 tsk fiskesauce
- 2 tsk honning

INSTRUKTIONER:
a) Bland kogende vand, havsalt, 1 spsk Moringa, honning og peberkorn i en skål og pisk, indtil alt er opløst. Lad køle helt af

b) Læg kyllingebrystene i et lavt, ikke-reaktivt fad og prik hver et par gange med en skarp kniv. Hæld saltlagen over og sæt retten på køl i 3 timer

c) Fjern kyllingen fra saltlagen og kassér saltlagen. Skyl kyllingebrystene kort, og læg dem på en tallerken og stil dem på køl uden låg i 4-8 timer.

d) Forbered en ryger ved at placere ris, sukker og resterende Moringa på bunden af bakken. Tænd for varmen

e) Når der begynder at komme røgstykker, læg kyllingebrystene på en rist i midten og læg låg på og ryg i ca. 35 minutter ved middel-lav varme. Tjek, at de er kogte ved at skære i midten - saften skal løbe klar, og der må ikke være noget rosa kød

f) Til salaten koges de brune ris i en stor gryde med kogende vand i ca. 25 minutter, eller indtil de er al dente. Dræn og lad afkøle

g) Kog de grønne bønner i kogende vand i 3 minutter, skyl derefter under koldt vand. Dræn og lad afkøle.

h) Skræl mangoerne og skær kødet væk fra stenen. Skær den i tynde skiver og kom den i en stor skål. Tilsæt mynte, koriander, chili, grønne bønner og brune ris. Kast sammen

i) Pisk ingredienserne til dressingen sammen. Smag til og tjek krydderiet – måske vil du have lidt mere eddike, Kalksaft eller honning. Vend med risblandingen

j) Fordel rissalaten mellem fire tallerkener eller skåle. Skær de røgede kyllingebryst i skiver, og anret stablet oven på mangorissalaten. Pynt med ekstra korianderblade og Kalkbåde.

48. Te røget lammekoteletter med misosauce

Gør: 4

INGREDIENSER
- 8 magre lammekoteletter

TIL MARINADEN:
- ½ rødløg, pillet og finthakket
- 2 fed hvidløg, pillede og hakket fint
- 5 cm stykke frisk rod ingefær, skrællet og finthakket
- 1 rød chili, kernet ud og hakket groft
- 1 spsk risvinseddike eller sherryeddike

TIL DE RØGTE Koteletter:
- 8 spsk fine rygechips
- 5 spsk ukogte tørre ris
- 2 spsk Moringa blade

TIL DEN KOREANISKE OG HVIDE MISO-DIPPINGSAUCE:
- 100 g tilberedt Gochujang
- 2 spsk riseddike
- 1 spsk rørsukker
- 2 tsk hvid misopasta
- 1 æggeblomme
- Friskhakket koriander og rød chili til pynt

INSTRUKTIONER:

a) For at forberede marinaden; i en stor lav skål bland alle ingredienserne sammen.

b) Tilsæt koteletterne, læg låg på og mariner i 2 timer i køleskabet, eller hvis tiden tillader det natten over.

c) Varm en wok eller stor gryde op til den er varm og tilsæt træfliserne. Når det er røget tilsættes de tørre ris. Varm op i 2-3 minutter og tilsæt derefter Moringa.

d) Læg koteletterne i en bambusdamper, dæk dem til, og placer dem oven på rygeblandingen. Ryg i 3-4 minutter.

e) For at forberede dippen; i en lille gryde piskes Gochujang, riseddike, strøsukker og miso sammen. Kog forsigtigt ved svag varme, og rør af og til. Tag af varmen og pisk æggeblommen i. Stil til side til afkøling.

f) Tilbered koteletterne under en forvarmet moderat grill eller forberedt grill i 2-3 minutter på hver side.

g) Server koteletterne pyntet med friske korianderblade og finthakket chili og dipsaucen.

49. Moringa dampet torsk

Giver: 4 portioner

INGREDIENSER
- 2 kopper skrællet sød kartoffel i julien
- 1 pund torsk, skåret i 4 stykker
- 2 teskefulde Moringa pulver
- 4 spsk usaltet smør
- 8 kviste frisk timian
- 4 skiver frisk citron
- 1 tsk kosher salt

INSTRUKTIONER:
a) Forvarm ovnen til 425 grader F. Tag 4 ark pergamentpapir, hver omkring 12 gange 16 inches, i halvdelen og fold derefter ud for at lave en folder.
b) Læg en bunke søde kartoffelstrimler på den ene side af hvert stykke pergament og top hver med et stykke torsk.
c) Drys hvert stykke fisk med 1 tsk Moringa, og top hver med 1 spiseskefuld smør, 2 kviste timian og en skive citron; smag til med salt.
d) Fold bagepapir over for at omslutte fyldet og krympe kanter for at forsegle og danne en halvmåneformet pakke.
e) Overfør til en bageplade og bag i 20 minutter. Tag pakkerne ud af ovnen og lad dem hvile i 5 til 10 minutter før åbning.

SAVSER OG PESTOS

50. Moringa pulver pesto sauce

Gør: 32 portioner

INGREDIENSER
- 1 spsk Moringa pulver
- 1 kop friske basilikumblade
- ½ kop frisk babyspinat
- ½ kop friske flade bladpersilleblade
- 1 stort fed hvidløg
- 3 ½ spsk pinjekerner eller mandelskiver
- ½ kop fintrevet parmesanost
- skal af en citron
- 1-¼ kop ekstra jomfru olivenolie
- knivspids salt
- knivspids sort peber

INSTRUKTIONER
a) Tilsæt Moringa, basilikum, spinat, persille, hvidløg, nødder, citronskal, salt og peber i en foodprocessor eller blender og blend til en pasta.
b) Tilsæt osten og pulsér, mens du drypper olien i.

51. **Moringa guacamole**

INGREDIENSER
- 2-4 tsk Moringa pulver
- 3 modne avocadoer
- 1 lille rødløg, finthakket
- Håndfuld cherrytomater, vasket og finthakket
- 3 bladrige koriandergrene, vasket og finthakket
- Ekstra jomfru olivenolie, til at dryppe
- Saft af 1 Kalk
- Krydderier: salt, peber, tørret oregano, paprika og knuste korianderfrø

INSTRUKTIONER:
a) Halver, udsten og hak avocadoerne groft. Lad en håndfuld groft hakkede avocadoer stå til side.
b) Hæld resten af ingredienserne i en stor skål og brug en gaffel til at mose guacamole og rør godt.
c) Tilsæt resten af avocadoerne og drys nogle korianderblade ovenpå.

52. Moringa og rødbedehummus

INGREDIENSER
- ½ tsk Moringa pulver
- 400 g dåse kikærter, drænet og skyllet
- 250 g kogte rødbeder
- 1 fed hvidløg
- 2 spsk tahini
- 2 tsk stødt spidskommen
- 100 ml ekstra jomfru olivenolie
- Saft af citron
- Salt efter smag

INSTRUKTIONER:
a) Tilsæt alle ingredienserne undtagen kikærterne i din blender/foodprocessor. Bland indtil glat.
b) Tilsæt kikærterne og blend igen, indtil det er glat og lækkert!

53. **Moringa sauce**

Ingredienser:

1 kop moringablade, hakket
1 lille løg, finthakket
2 fed hvidløg, hakket
1 spsk olivenolie
1 tsk malet ingefær
1 tsk stødt spidskommen
1 tsk stødt koriander
1 tsk salt
1/2 tsk sort peber
1/2 kop grøntsagsbouillon
Saft af 1/2 citron
Rutevejledning:

I en lille gryde varmes olivenolie op over medium varme.
Tilsæt hakket løg og hakket hvidløg, og steg indtil løget er gennemsigtigt, cirka 3-4 minutter.
Tilsæt hakkede Moringa-blade, stødt ingefær, stødt spidskommen, stødt koriander, salt og sort peber til gryden. Rør for at kombinere og kog i 1-2 minutter.
Tilsæt grøntsagsbouillon og bring det i kog.
Reducer varmen til lav og lad simre i 10-15 minutter, indtil Moringa-bladene er møre og saucen er tyknet.
Fjern fra varmen og lad afkøle lidt.
Brug en stavblender eller en almindelig blender til at blende saucen, indtil den er jævn.
Rør citronsaft i og juster krydderier efter smag.
Serveres varm eller ved stuetemperatur med din yndlingsret.

DESSERT

54. Wasabi og agurk is

Gør: 4-8

INGREDIENSER:
- 1 dåse fuldfed kokosmælk
- 2 spsk sukker efter eget valg
- 1 agurk, i små tern
- ½ Kalk, saft
- 1 tsk Moringa
- 1-2 spsk wasabipasta

INSTRUKTIONER:
a) Kombiner Moringa, kokosmælk, sukker, Kalksaft, wasabipasta og agurk.
b) Hvis du har en ismaskine, skal du blot tilføje blandingen til den og fortsætte som anvist af producenten.
c) Eller læg ingredienserne i en frysesikker beholder og frys dem ned.
d) Rør blandingen med en gaffel hver time, indtil den er for det meste fast.

55. Moringa og jordbærkage

INGREDIENSER:
- 190 gram universalmel
- 10 gram Moringa pulver
- 15 gram tapiokamel
- 1 tsk aluminiumsfrit bagepulver
- 1/2 tsk bagepulver
- 100 gram sukker
- 1 kop sojamælk eller valg af plantebaseret mælk
- 70 gram neutral olie
- 1 spsk hvid eddike
- vegansk flødeskum
- Jordbær eller hindbær skåret i skiver til pynt

INSTRUKTIONER:
a) Forvarm ovnen til 375ºF.
b) Beklæd en form med bagepapir.
c) I en stor skål piskes mælken langsomt ind i olivenolien. Fortsæt med at piske indtil blandingen er emulgeret. Tilsæt sukker og bland godt.
d) Tilsæt de sigtede tørre ingredienser i den samme skål og bland, indtil det netop er blandet. Tilsæt hvid eddike og bland godt.
e) Hæld dejen i den forberedte form.
f) Bages i cirka 20-25 minutter eller indtil en tandstik kommer ren ud. Lad det køle helt af inden pynt.
g) Pynt kagen med jordbær og flødeskum.

56. Moringa mandelispinde

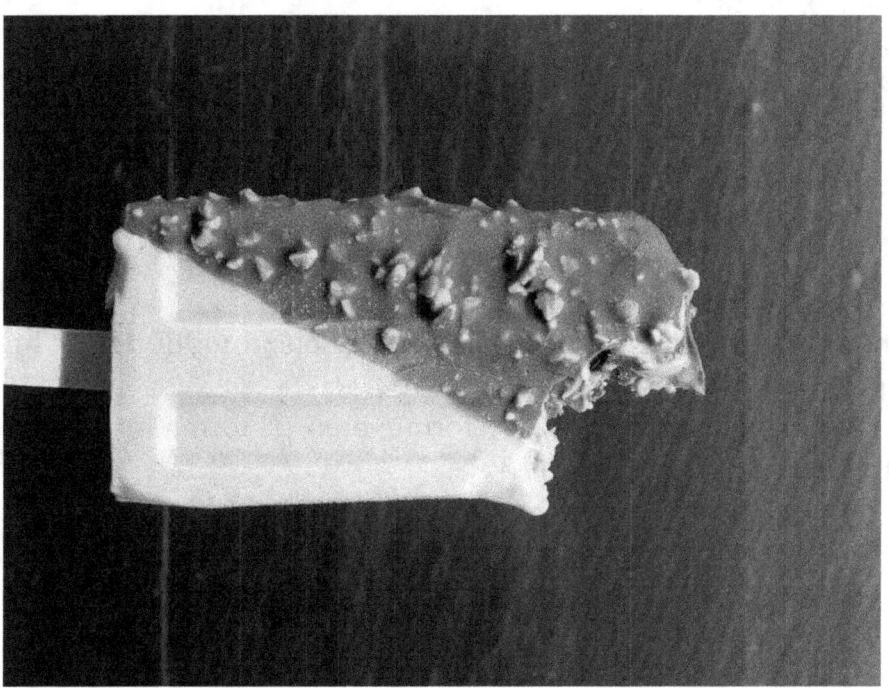

Gør: 4

INGREDIENSER:
- 2 kopper mandelsmør
- 2 spsk mandelolie
- 1 tsk Moringa
- ¼ kop erythritol
- Håndfuld mandelnødder

INSTRUKTIONER:
a) Kom alle ingredienser i en blender og blend indtil det er helt blandet, cirka 30 sekunder.
b) Hæld blandingen i 8 popsicle-forme, bank på forme for at fjerne luftbobler.
c) Frys i mindst 8 timer eller natten over.
d) Fjern popsicles fra forme. Hvis ispindene er svære at fjerne, så kør forme under varmt vand kort, og ispindene vil løsne sig.

57. Moringa johannesbrødkopper

Gør: 4

INGREDIENSER:
- ⅔ kop johannesbrødsmør
- ¾ kop johannesbrødpulver
- ⅓ kop ahornsirup
- ½ kop cashewsmør
- 2 tsk Moringa pulver
- Havsalt

INSTRUKTIONER:
a) Fyld en lille gryde med ⅓ kop vand og placer en skål ovenpå, der dækker gryden. Når skålen er varm, og vandet nedenfor koger, smeltes johannesbrødsmørret inde i skålen, tænd for varmen, og. Når det er smeltet, tag det af varmen og rør ahornsirup og johannesbrødpulver i et par minutter, indtil chokoladen tykner.

b) Brug en mellemstor cupcakeholder til at fylde det nederste lag med en generøs spiseskefuld af chokoladeblandingen. Når du har fyldt alle cupcakesholderne, skal du lægge dem i fryseren i 15 minutter for at sætte sig.

c) Tag den frosne chokolade ud af fryseren og kom 1 spsk størrelse af Moringa/cashew-smørdejen oven på det frosne chokoladelag. Så snart dette er gjort, hældes den resterende smeltede chokolade over hver klat, så den dækker hvad som helst. Drys med havsalt og lad dette stå i fryseren i 15 minutter.

58. Moringa Fudge

Gør: 4

INGREDIENSER:
- 85 g ristet mandelsmør
- 60 g havremel
- 4 teskefulde Moringa pulver
- 168 g proteinpulver
- 10 dråber citron
- 1 tsk Stevia ekstrakt
- 1 kop usødet vanilje mandelmælk
- 4 ounce mørk chokolade, smeltet

INSTRUKTIONER:
a) Smelt mandelsmør i en gryde og tilsæt havremel, Moringapulver, proteinpulver, citrondråber og stevia. Bland godt.
b) Hæld nu mælk og rør konstant, indtil det er godt blandet.
c) Kom blandingen over i en brødform og stil den på køl, indtil den stivner.
d) Dryp smeltet chokolade ovenpå og stil på køl igen, indtil chokoladen er fast.
e) Skær i 5 barer og nyd.

59. Superfood is

INGREDIENSER

TIL IS-BLANDINGEN:
- 13,5-ounce dåse fuldfed kokosmælk
- ¼ kop organisk granulært sødemiddel
- 2 tsk økologisk Moringa pulver
- 1 tsk økologisk baobabpulver

TIL TILFØJELSEN:
- ½ kop økologiske rå kakaonibs

INSTRUKTIONER:

a) Tilsæt alle ingredienserne til isblandingen til en Vitamix og blend indtil den er godt blandet og glat.

b) Hæld isblandingen i din ismaskine og tilbered i henhold til maskinens instruktioner.

c) Når ismaskinen er færdig med at lave isen, røres kakaonibs i med hånden.

60. Moringa og blåbærsorbet

Giver: 2 portioner

INGREDIENSER:
- 1 tsk Moringa pulver
- 1 kop frosne blåbær
- 1 frossen banan
- ¼ kop kokosmælk

INSTRUKTIONER:
a) Tilsæt alle ingredienserne i en blender eller foodprocessor og blend til det er glat.
b) Tilsæt eventuelt mere væske.

61. Moringa Key Kalk Pie

Gør: 12

INGREDIENSER:
TIL SKORPEN:
- 2 kopper paranødder/ pekannødder/ cashewnødder
- ¼ kop tørret kokosnød
- 1 kop Medjool dadler

TIL FYLDET:
- 2 tsk Moringa pulver
- 1 ½ dl cashewnødder, udblødte
- 1 avocado
- saft af 3 Kalkfrugter
- ¼ kop kokosolie, smeltet
- ½ kop kokosfløde på dåse
- ⅓ kop rå honning/ahornsirup/agavenektar

INSTRUKTIONER:
TIL SKORPEN:
a) Blend nødderne i en foodprocessor til de er fine.
b) Tilsæt de resterende ingredienser og blend til en dej.
c) Pres skorpen jævnt ned i en springform eller 4-6 miniaturetærteforme.

TIL FYLDET:
d) Blend alle ingredienser i en kraftig blender, indtil det er meget glat.
e) Hæld på skorpen og frys i 2-3 timer.
f) Tages ud af fryseren 10-15 minutter før servering.

62. Moringa- og citronkopper

Gør: 10

INGREDIENSER:
- ½ kop kokossmør
- ½ kop macadamianødder
- ½ kop kakaosmør
- ¼ kop kokosolie
- ¼ kop Swerve, pulveriseret
- 1 spsk citronskal, revet fint
- 1 tsk Moringa pulver

INSTRUKTIONER:
e) Start med at pulsere alle dine ingredienser, undtagen citronskal og Moringa, i en foodprocessor i et minut for at kombinere dem alle.
f) Fordel blandingen i to skåle. Den skal halveres så ligeligt som muligt, inden den deles i to.
g) Moringapulver skal placeres i en separat skål. I en bestemt ret skal du kombinere citronskal og de øvrige ingredienser.
h) Forbered 10 mini-muffinkopper ved at fylde dem halvt med Moringa-blanding og derefter toppe dem med halvanden spiseskefuld af din citronblanding. Sæt til side. Sørg for, at den har stået i køleskabet i mindst en time før servering.

63. Moringa ispinde

Gør: 4

INGREDIENSER:
- 2 kopper usødet kokoscreme, afkølet
- 2 spsk kokosolie
- 1 tsk Moringa
- ¼ kop erythritol eller granulær Swerve

INSTRUKTIONER:
e) Placer alle INGREDIENSER: i en blender og blend indtil det er helt blandet, cirka 30 sekunder.
f) Hæld blandingen i 8 popsicle-forme, bank på forme for at fjerne luftbobler.
g) Frys i mindst 8 timer eller natten over.
h) Fjern popsicles fra forme. Hvis ispindene er svære at fjerne, så kør forme under varmt vand kort, og ispindene vil løsne sig.

64. Moringa is

Gør: 2

INGREDIENSER:
- Moringa pulver, tre spiseskefulde
- Halv og halv, to kopper
- Kosher salt, en knivspids
- Sukker, halv kop

INSTRUKTIONER:

a) I en mellemstor gryde piskes halvdelen og halvdelen, sukker og salt sammen.

b) Begynd at koge blandingen over medium varme, og tilsæt Moringa-pulver.

c) Fjern fra varmen og overfør blandingen til en skål siddende i et isbad. Når blandingen er afkølet, dæk den med plastfolie og afkøl den i køleskabet.

d) Din ret er klar til at blive serveret.

65. Moringa cashew kopper

Gør: 4

INGREDIENSER:
- ⅔ kop kakaosmør.
- ¾ kop kakaopulver.
- ⅓ kop ahornsirup.
- ½ kop cashewsmør, eller hvad du har lyst til.
- 2 tsk Moringa pulver.
- Havsalt.

INSTRUKTIONER:
d) Fyld en lille gryde med ⅓ kop vand og placer en skål ovenpå, der dækker gryden. Når skålen er varm, og vandet nedenfor koger, smeltes kakaosmørret inde i skålen, tænd for varmen, og. Når det er smeltet, tag det af varmen og rør ahornsirup og kakaopulver i et par minutter, indtil chokoladen tykner.
e) Brug en mellemstor cupcakeholder til at fylde det nederste lag med en generøs spiseskefuld af chokoladeblandingen. Når du har fyldt alle cupcakesholderne, skal du lægge dem i fryseren i 15 minutter for at sætte sig.
f) Tag den frosne chokolade ud af fryseren og kom 1 spsk størrelse af Moringa/cashew-smørdejen oven på det frosne chokoladelag. Så snart dette er gjort, hældes den resterende smeltede chokolade over hver klat, så den dækker hvad som helst. Drys med havsalt og lad dette stå i fryseren i 15 minutter.

66. Moringa Fudge

Gør: 4

INGREDIENSER:
- Brændt mandelsmør, 85 g
- Havremel, 60 g
- Usødet vanilje mandelmælk, 1 kop
- Proteinpulver, 168 g
- Mørk chokolade, 4 ounces smeltet
- Moringa pulver, 4 teskefulde
- Stevia ekstrakt, 1 tsk
- Citron, 10 dråber

INSTRUKTIONER:
f) Smelt smør i en gryde og tilsæt havremel, tepulver, proteinpulver, citrondråber og stevia. Bland godt.
g) Hæld nu mælk og rør konstant, indtil det er godt blandet.
h) Kom blandingen over i en brødform og stil den på køl, indtil den stivner.
i) Dryp smeltet chokolade ovenpå og stil på køl igen, indtil chokoladen er fast.

67. Moringa creme

Gør: 2

INGREDIENSER:
- 1 kop sødmælk
- ¾ kop sukker
- 4 spsk Moringa pulver
- 2 kopper tung fløde

INSTRUKTIONER:

a) Kombiner mælk, sukker og Moringa i en mellemstor gryde og pisk indtil Moringa-pulveret er opløst. Bring det i kog ved middel varme, pisk indtil sukkeret er opløst. Fjern fra varmen og rør fløde i.

b) Afkøl til stuetemperatur, dæk derefter til og stil det på køl, indtil det er godt afkølet, 3 til 4 timer eller natten over.

c) Hæld den afkølede blanding i en ismaskine og frys ned som anvist.

d) Overfør isen til en frysesikker beholder og stil den i fryseren. Lad det stivne i 1 til 2 timer før servering.

68. Moringa persimmon

Gør: 2

INGREDIENSER:
- 1 kop græsk yoghurt
- 1 tsk Moringa
- ½ tsk vaniljeekstrakt
- 1 spsk honning

TOPPING
- Persimmon
- Sesamklaser

INSTRUKTIONER:
a) Bland alle ingredienserne i en skål.

69. Absint & Marengs is

Gør: omkring 1 liter
INGREDIENSER:
- 2⅔ kopper sødmælk
- 1 spsk plus 2 teskefulde majsstivelse
- 4 spsk flødeost, blødgjort
- ½ tsk Moringa pulver
- ⅛ tsk fint havsalt
- 1½ dl tung fløde
- ¾ kop sukker
- ¼ kop lys majssirup
- 1¼ kop absint, Pernod eller pastis
- ½ tsk anisekstrakt
- 1 kop smuldret marengs fraMarengskage

INSTRUKTIONER:
a) Bland omkring 2 spsk af mælken med majsstivelsen i en lille skål for at lave en glat opslæmning.
b) Pisk flødeost, Moringa og salt i en mellemstor skål, indtil det er glat.
c) Fyld en stor skål med is og vand.
d) Kog Kombiner den resterende mælk, fløde, sukker og majssirup i en 4-liters gryde, bring det i kog over medium-høj varme og kog i 4 minutter. Fjern fra varmen og pisk gradvist majsstivelsesblandingen i. Bring blandingen i kog igen over medium-høj varme og kog under omrøring med en varmefast spatel, indtil den er lidt fortykket, cirka 1 minut. Fjern fra varmen.
e) Chill Pisk gradvist den varme mælkeblanding ind i flødeosten, indtil den er glat. Hæld blandingen i en 1-gallon Ziplock frysepose og nedsænk den forseglede pose i isbadet. Lad stå, tilsæt mere is efter behov, indtil det er koldt, cirka 30 minutter.
f) Frys Fjern den frosne beholder fra fryseren, saml din ismaskine, og tænd den. Hæld isbunden i dåsen og drej indtil den er tyk og cremet.
g) Pak isen i en opbevaringsbeholder. Rør absint og anisekstrakt i og bland marengsstykkerne i, mens du går. Tryk et stykke pergament direkte mod overfladen og forsegl det med et lufttæt låg. Frys i den koldeste del af din fryser.

70. Moringa sorbet

Giver: 4 portioner

INGREDIENSER:
- ¾ kop sukker
- 3 kopper Varmbrygget Moringa

INSTRUKTIONER:
a) Opløs sukker i te og stil på køl, indtil det er godt afkølet.
b) Frys i en isfryser efter producentens anvisninger.

71. Chia frø budding

Gør: 1

INGREDIENSER
- ¼ kop sort chiafrø
- 1 kop plantebaseret mælk
- ½ Kalk, friskpresset Kalksaft
- ⅛ teskefuld Ashwagandha-pulver
- knivspids vaniljestangpulver
- 1 tsk Moringa pulver
- 1 lille klat friskrevet ingefær

INSTRUKTIONER:
a) I en stor skål piskes chiafrøene med mælk og Kalksaft.
b) Pisk Ashwagandha, vanilje, Moringa og ingefær i. Sæt i køleskabet og rør igen i 15-30 minutter.
c) Dæk buddingblandingen til og sæt den i blød i køleskabet i 2-8 timer natten over, så chiaen kan blomstre til budding.

72. Pistacie Moringa is

Gør: 8 små is

INGREDIENSER:
- 2 teskefulde Moringa pulver
- ½ kop pistacienødder afskallede
- ½ kop cashewnødder
- ½ kop kokosmælk
- 1 kop kokoskød
- 2 tsk vaniljestangpasta
- ¼ kop ahornsirup
- 3 spsk kokosolie smeltet
- 100g mørk chokolade af god kvalitet eller råchokolade, smeltet

INSTRUKTIONER:
a) Bland pistacienødder og cashewnødder i en foodprocessor eller kraftig blender og blend til en fin krumme.
b) Tilsæt kokosmælk, kokoskød, vanilje, Moringa-pulver og ahorn, og blend indtil glat.
c) Hold blenderen kørende, mens du hælder smeltet kokosolie i. Dette skulle skabe en smuk cremet konsistens i blandingen.
d) Hæld i isforme eller ramekins og frys i 2-3 timer for at sætte sig.
e) Til servering skal du fjerne is fra formene, lægge dem på en bageplade beklædt med bagepapir og dryppe over smeltet chokolade.
f) Sæt tilbage i køleskabet for at sætte sig i et minut eller to og server derefter.

73. Jordbær, havre og moringa

Gør: 2
INGREDIENSER:
- 1 kop gammeldags havre
- 2 ¼ kopper universalmel
- ⅔ kopper sukker
- 1 spsk bagepulver
- 2 spsk Moringa, sigtet
- ½ tsk salt
- 1 ¼ kop mælk
- 2 tsk vaniljeekstrakt
- 2 æg, pisket
- 6 oz beholder med fedtfri græsk yoghurt
- ⅓ kop kokosolie, i flydende tilstand
- 1 lb økologiske jordbær, skåret i ¼" stykker
- Non-stick spray
- slibesukker, til slut

INSTRUKTIONER:

f) Forvarm ovnen til 200 grader Celsius. Placer 8 cupcake liners i hver dåse, og sprøjt derefter let et lag non-stick spray på dem.

g) I en røreskål blandes alle de tørre ingredienser. I en anden røreskål blandes alle de våde ingredienser. Bland langsomt de våde ingredienser i det tørre, indtil det lige er blandet igennem. Bland forsigtigt de hakkede jordbær i. Brug en ske eller en isske til at fylde foringen, indtil dejen lige er sky af den øverste kant af foringen.

h) Drys toppene med slibesukker for en sprød muffinskorpe.

i) Bag muffinsene ved 200 grader Celsius de første 10 minutter, sænk derefter varmen til 80 grader Celsius i cirka yderligere 12-15 minutter indtil toppene er meget let gyldne og en tandstik kommer ren ud.

j) Når muffinsene er kølige nok til at kunne håndteres, lægges de over på en rist. Serverer du muffinsene med det samme, kan de have en tendens til at sætte sig fast i foringen. Vent til de er afkølet helt, og de skal let slippe.

74. Moringa, daddel og banan god creme

Gør: 2

INGREDIENSER:
- 5 frosne bananer
- Kokosmælk
- 2 datoer
- 1 spiseskefuld Moringa pulver

INSTRUKTIONER:
a) Kom alle ingredienser gennem din foodprocessor
b) Server i en smuk skål
c) Pynt med topping efter eget valg.

75. Banana Moringa dejlig creme

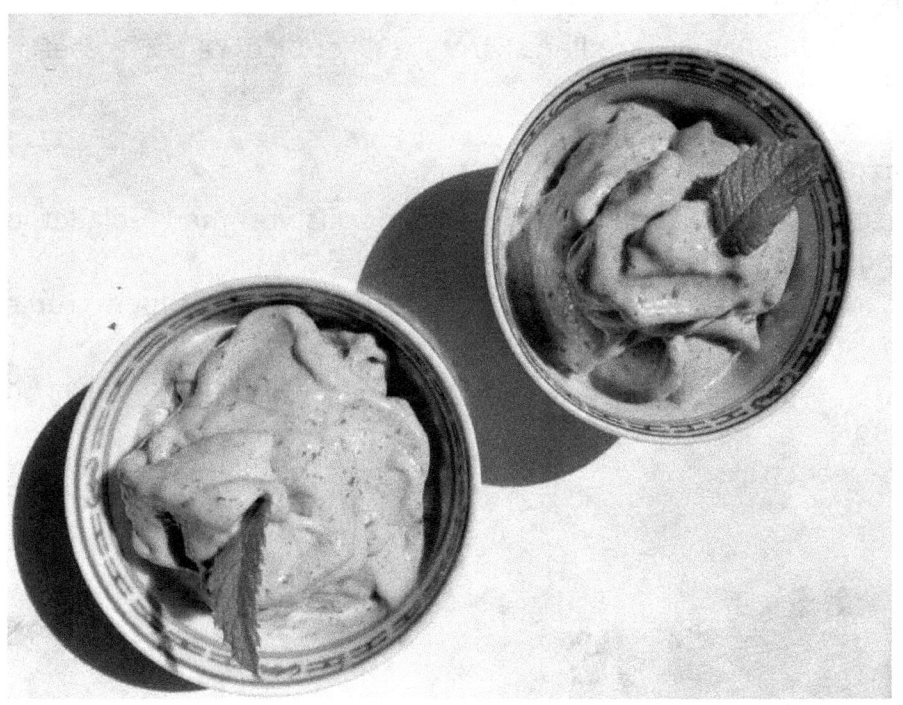

Gør: 2-3 portioner

INGREDIENSER:
- 2 store bananer, skrællet, skåret i stykker og derefter frosset
- 1 tsk Moringa pulver

INSTRUKTIONER:
a) Læg bananstykker i en foodprocessor udstyret med S-bladet, og tænd for maskinen.
b) Lad motoren køre, indtil bananerne har en super cremet konsistens, ligesom soft serve-is.
c) Når bananerne er blevet cremet, tilsæt Moringa-pulver og blend.
d) Server straks.

76. Moringa og Raspberry Friands

Gør: 4

INGREDIENSER:
- 95 g usaltet smør i tern
- 135 g æggehvider
- 150 g granuleret sukker
- 100 g mandelmel
- 60 g mel
- 12 g Moringa
- knivspids salt
- Valgfrit: Friske/frosne hindbær

INSTRUKTIONER:
a) Smør dine muffinsforme grundigt med smør og drys mel sparsomt over dem.
b) Varm smørret op i en gryde over lav-medium ild og lad det koge, indtil det er gyldenbrunt.
c) Sluk for ilden og tag den af varmen, når den er gyldenbrun, ellers går den meget hurtigt fra gyldenbrun til sort. Lad afkøle til stuetemperatur, mens du forbereder resten af ingredienserne.
d) Kom sukker, mel og malet mandel, Moringa-pulver og salt i en skål. Pisk de tørre ingredienser lidt.
e) Tilsæt smørret og pisk det sammen.
f) Tilsæt æggehviderne langsomt, mens du pisker, indtil de er blandet. Du behøver ikke skabe for meget volumen i æggehviderne. Jeg gør alt dette i hånden, da du bare skal bruge dejen til at komme sammen.
g) Hæld friandsdejen i de smurte muffinsforme. Placer et hindbær i midten af panden. Bages i en 190 grader forvarmet ovn i cirka 15 minutter, eller indtil den springer tilbage til at røre ved.
h) Lad den køle lidt af i muffinsformene, inden den tages ud. Afkøl dem helt på rist inden servering.

77. Moringa trøfler

Gør: omkring 50 trøfler

INGREDIENSER:
- 225 gram tung fløde
- ¼ kop ahornsirup
- 2 spsk brun farin
- 1 spsk Moringa plus en anden spiseskefuld til aftørring
- 340 gram bittersød chokolade, hakket fint
- Knip moringa salt eller kosher salt

INSTRUKTIONER:
a) Bring fløden i kog i en lille gryde ved svag varme, tilsæt ahornsirup og brun farin, og rør rundt, indtil det er opløst, cirka 2 minutter.
b) Tilsæt 1 spsk Moringa, rør til det er opløst, og sæt til side.
c) Kom chokoladen i en stor røreskål og hæld flødeblandingen i. Bland grundigt, og hæld på en bageplade beklædt med bagepapir. Glat det ud med en gummispatel. Afkøl i køleskabet i cirka en time.
d) Brug en ske, tag en dyngede teske ud, og lav en kugle med håndfladerne. Gentag indtil al chokoladen er brugt – du skal afslutte med cirka 50 trøfler.
e) Stil dem på en bakke eller tallerken, og drys dem med den ekstra Moringa ved hjælp af en fin sigte. Top med et meget let drys Moringa.

SMOOTHIES OG COCKTAILS

78. Moringa Smoothie

Gør: 1 portion

INGREDIENSER
- 1 kop mandelmælk
- 1 spsk Moringa pulver
- 1 frossen banan eller ananas, hakket

INSTRUKTIONER
a) Tilsæt mandelmælk, Moringa og frossen banan eller ananas til en højhastighedsblender.
b) Behandl indtil smoothien er glat og cremet. Server straks.

79. Broccoli Porrer Agurk smoothie

Gør: 2

INGREDIENSER:
- 1 kop broccoli
- 2 spsk Cashew smør
- 2 Porrer
- 2 agurker
- 1 Kalk
- ½ kop salat
- ½ kop bladsalat
- 1 spsk Moringa
- 1 kop knust is

INSTRUKTIONER:
a) Kom i en blender.
b) Tjene.

80. Kakaospinat Smoothie

Gør: 2

INGREDIENSER:
- 2 kopper spinat
- 1 kop blåbær, frosne
- 1 spsk mørk kakaopulver
- ½ kop usødet mandelmælk
- ½ kop knust is
- 1 tsk honning
- 1 spsk Moringa pulver

INSTRUKTIONER:
a) Kom i blender
b) Tjene

81. MoringaRyste

Giver: 4 portioner

INGREDIENSER:
- ¾ kop mandel
- ¾ kop udstenede dadler
- 1 spsk Moringa
- 3 kopper filtreret vand
- ½ tsk maca pulver
- 1 kop is

INSTRUKTIONER:
a) Kombiner mandler, dadler, Moringa, vand, maca og is i din højhastighedsblender og blend indtil glat. Tilsæt isen og blend indtil det er godt blandet.
b) Serveres bedst med det samme, men holder sig i flere dage i køleskabet.

82. Vanilje Moringa AvocadoRyste

Gør: 2

INGREDIENSER:
- 1½ dl mandelmælk
- 2 skeer vaniljeproteinpulver
- ¼ tsk vaniljeekstrakt
- ½ en avocado udstenet og skrællet
- 2 teskefulde Moringa pulver
- 1 håndfuld spinat

INSTRUKTIONER:
a) Blend indtil glat.
b) Smag og juster is eller ingredienser, hvis det er nødvendigt.

83. Moringa og myntete

Giver: 2 portioner

INGREDIENSER:
- 1 miniskefuld Moringa pulver
- mynte sirup
- Afkølet vand
- Is

INSTRUKTIONER:
d) Kombiner Moringa-pulveret og siruppen i en kop.
e) Fyld op til ¾ med vand.
f) Rør og tilsæt is til fyld.

84. Moringa, maca, hørfrø og tahini Smoothie

Giver: 1 glas

INGREDIENSER:
- ½ kop plantebaseret mælk
- 1 stor banan
- ½ kop frosne blåbær
- ½ kop friske hindbær
- 1 dynget teskefuld Moringa pulver
- 1 dynget tsk malet hørfrø
- 1 dynget tsk maca
- 1 dynget tsk tahini

INSTRUKTIONER:
a) Læg alle ingredienser sammen i en kande til blanding.
b) Blend indtil cremet smoothie.
c) Drys med lidt ekstra stødt hør eller friske bær.
d) Serveres bedst med det samme.

85. Æble, rosmarin og moringa ginkøler

Gør: 2

INGREDIENSER:
- 1 tsk Moringa pulver
- 3 grønne æbler
- 3 spiseskefulde gin
- 1 spsk honning
- 2 spsk citronsaft
- 2 kviste rosmarin
- Sodavand
- Is

INSTRUKTIONER:
a) Udkern æblerne og saften. Tilsæt æblejuice, citronsaft, Moringa-pulver, honning og gin i en cocktailshaker eller beholder med låg, og ryst kraftigt.
b) Hæld over is i to afkølede tumblere, tilsæt rosmarinkvisten, ekstra æbleskiver og fyld op med sodavand for en tyndere cocktail.

86. Moringa, mynte, citron og Kalkvand

INGREDIENSER:
- 1-2 tsk Moringa pulver
- 1 liter afkølet vand
- 2 Kalkfrugter, skåret i tynde skiver
- 2 citroner, skåret i tynde skiver
- stor håndfuld friske mynteblade

INSTRUKTIONER:

a) Tilsæt alle ingredienser til en stor flaske eller glaskande.

b) Lad stå i mindst 2 timer i køleskabet inden servering med rigeligt is.

87. Moringa Probiotisk Kefir Smoothie

Gør: 1

INGREDIENSER:
- 1 tsk Moringa pulver
- 300 ml kokosmælk kefir
- lille håndfuld grønkål eller spinat
- ½ avocado
- 1 banan
- 1 spsk kollagenpulver
- 1 spsk solsikkekerner
- 1 tsk hørfrø
- 3 isterninger

INSTRUKTIONER:
a) Kom alle ingredienser i en blender og blend til det er glat.
b) Hæld i et glas og pynt med spiselige blomster og udtørret kokos.

88. Moringa Banan Chokolade Smoothie

Gør: 2

INGREDIENSER:
- ½ tsk Moringa pulver
- 2 spsk Super-Cacao Powder
- 1 banan
- ½ avocado
- 2 Medjool dadler
- 1½ dl mælk uden mejeri

INSTRUKTIONER:
a) Tilsæt alle ingredienser til en blender og blend, indtil det er glat.
b) Server eventuelt med et drys kakaonibs.

89. Moringa Avocado Smoothie

Gør: 3

INGREDIENSER:
- ½ avocado, skrællet og skåret i tern
- ⅓ agurk
- 2 kopper spinat
- 1 kop kokosmælk
- 1 kop mandelmælk
- 1 tsk Moringa pulver
- ½ Kalksaft
- ½ skefuld vaniljeproteinpulver
- ½ tsk chiafrø

INSTRUKTIONER:
a) Blend avocadokødet med agurk og resten af ingredienserne i en blender, indtil det er glat.
b) Tjene.

90. Broccoli Moringa smoothie

Gør: 2

INGREDIENSER:
- 1 kop broccoli
- 2 spsk kokossmør
- 1 Kalk
- 1 spsk Moringa
- 1 kop knust is

INSTRUKTIONER:
c) Kom i en blender.
d) Tjene.

91. Moringa Kale Smoothie

Gør: 2

INGREDIENSER:
- 2 kopper grønkål
- 1 kop blåbær, frosne
- 1 spsk mørk kakaopulver
- ½ kop usødet kokosmælk
- ½ kop knust is
- 1 tsk honning
- 1 spsk Moringa pulver

INSTRUKTIONER:
c) Kom i blender
d) Tjene

92. Moringa MCTRyste

Giver: 4 portioner

INGREDIENSER:
- ¾ kop mandel
- ¾ kop udstenede dadler
- 1 spsk Moringa
- 3 kopper filtreret vand
- ½ tsk mct olie
- 1 kop is

INSTRUKTIONER:
c) Kombiner mandler, dadler, Moringa, vand, MCT-olie og is i din højhastighedsblender og blend indtil glat.
d) Tilsæt isen og blend indtil det er godt blandet.
e) Serveres bedst med det samme, men holder sig i flere dage i køleskabet.

93. Moringa & Ginger Smoothie

Gør: 2

INGREDIENSER:
- 1 Anjou pære, hakket
- ¼ kop hvide rosiner eller tørrede morbær
- 1 tsk friskhakket ingefærrod
- 1 stor håndfuld hakket romainesalat
- 1 spsk hampefrø
- 1 kop usødet brygget Moringa, afkølet
- 7 til 9 isterninger

INSTRUKTIONER:
a) Kom alle ingredienserne undtagen isen i en Vitamix, og forarbejd til den er glat og cremet.
b) Tilsæt isen og bearbejd igen. Drik afkølet.

94. Moringa Kalkade

Gør: 20 portioner

INGREDIENSER:
- 2 kopper kogende vand
- Moringa pulver
- 2 12-ounce dåser frosset Kalkadekoncentrat
- Pynt: Kalkbåde

INSTRUKTIONER:
a) I en tekande kombineres kogende vand og moringa. Lad stå i 10 minutter; lad teen køle lidt af.
b) Tilbered frossen Kalkade i en stor kande i henhold til pakkens anvisninger.
c) Rør te i; dække og afkøle. Pynt med Kalkbåde.
d) Gem den røde saft fra glas med maraschinokirsebær. Rør lidt af det i punchen, limonade, ginger ale eller mælk til en sød pink drink, som børn vil elske.

95. Mint Chokolade ChipRyste

Gør: 2

INGREDIENSER:
- 2 skeer chokoladeproteinpulver
- 12 ounce Moringa med mintsmag
- 1 spiseskefuld rå kakaopulver
- 1 spiseskefuld kakaonibs
- 3 isterninger

INSTRUKTIONER:
a) Kom alle ingredienser i en blender i 30-60 sekunder.

96. Moringa RumRyste

Gør: 2

INGREDIENSER:
- 1½ dl mandelmælk
- ¼ teskefuld romekstrakt
- ½ en avocado udstenet og skrællet
- 2 teskefulde Moringa pulver

INSTRUKTIONER:
c) Blend indtil glat.
d) Smag og juster is eller ingredienser, hvis det er nødvendigt.

97. Moringa Og Kokos Frappe

Gør: 2

INGREDIENSER:
- Is + kokosmælk
- 1 scoop yoghurt frappé
- 1 miniskefuld Moringa pulver

INSTRUKTIONER:
a) Fyld koppen med is, i niveau med toppen af koppen
b) Hæld mælk over isen
c) Hæld indholdet af koppen i en blenderkande
d) Tilsæt frappé og Moringa
e) Sæt låget på tæt og blend til det er glat

98. Moringa & Jordbær Frappé

Gør: 2

INGREDIENSER:
- Is + mælk
- 1 miniskefuld Moringa pulver
- 2 pumper sukkerfri jordbærsirup
- 1 skefuld hvid chokolade frappé

INSTRUKTIONER:
a) Fyld koppen med is, niveau til toppen af koppen
b) Hæld mælk over isen
c) Hæld indholdet af koppen i en blenderkande
d) Tilsæt Moringa, sirup og frappépulver
e) Blend indtil glat

99. Moringa Yoghurt Smoothie

Gør: 2

INGREDIENSER:
- ½ kop yoghurt
- 2 spsk honning eller sukker
- ½ kop isterninger
- 1 tsk Moringa

INSTRUKTIONER:
a) Bare kom alle ingredienserne i blenderen og bland dem.

100. Moringa frugtsmoothie

Gør: 2

INGREDIENSER:
- ¼ en kop bær
- ½ kop yoghurt
- ½ kop isterninger
- 1 tsk Moringa

INSTRUKTIONER:
a) Blend ingredienser i en elektrisk blender og hæld derefter blandingen i en høj klasse. Det er at foretrække at drikke det umiddelbart efter tilberedning.
b) Du kan tilføje kiwi, bananer, mango og smag af mynte eller ingefær, det er helt op til dig og dine præferencer.

KONKLUSION

Afslutningsvis er Moringa en utrolig nærende og alsidig plante, der kan bruges i en række forskellige opskrifter. Fra smoothies til salater til supper, der er uendelige måder at inkorporere Moringa i din kost. Ved at prøve nogle af de Moringa-opskrifter, vi har delt i denne artikel, kan du nyde de mange sundhedsmæssige fordele ved denne superfood, mens du også forkæler dig med lækre og tilfredsstillende måltider. Så gå videre og prøv disse opskrifter – dine smagsløg og din krop vil takke dig!

www.ingramcontent.com/pod-product-compliance
Lightning Source LLC
Chambersburg PA
CBHW050021130526
44590CB00042B/1176